Copyright© 2022 by Literare Books International
Todos os direitos desta edição são reservados à Literare Books International.

Presidente:
Mauricio Sita

Vice-presidente:
Alessandra Ksenhuck

Diretora executiva:
Julyana Rosa

Diretora de projetos:
Gleide Santos

Relacionamento com o cliente:
Claudia Pires

Capa:

Gabriel Uchima

Ilustração da capa:

Dreamstime

Projeto gráfico e diagramação:
Candido Ferreira Jr.

Revisão:
Nicolas Casal

Dados Internacionais de Catalogação na Publicação (CIP)
(eDOC BRASIL, Belo Horizonte/MG)

M149n   Machado, Fernando.
       O novo humano: como aplicar a inteligência espiritual nas
organizações e na vida / Fernando Machado; prefácio Leila Navarro.
– São Paulo, SP: Literare Books International, 2022.
       16 x 23 cm

       ISBN 978-65-5922-430-2

       1. Inteligência espiritual. 2. Cultura organizacional. 3. Sucesso
nos negócios. 4. Desenvolvimento organizacional. I. Título.
                                    CDD 658.406

Elaborado por Maurício Amormino Júnior – CRB6/2422

Literare Books International.
Rua Antônio Augusto Covello, 472 – Vila Mariana – São Paulo, SP.
CEP 01550-060
Fone: +55 (0**11) 2659-0968
site: www.literarebooks.com.br
e-mail: literare@literarebooks.com.br

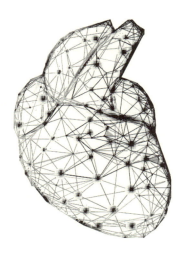

FERNANDO MACHADO

O NOVO HUMANO

Como aplicar a inteligência espiritual
nas organizações e na vida

PREFÁCIO:
Leila Navarro

AGRADECIMENTOS

Corro o risco de parecer clichê aqui, mas tantas pessoas especiais fizeram parte da minha vida até esse momento que realmente tenho um pouco de receio em citar algum nome. Ao invés disso, direciono essa gratidão incondicional ao Deus Pai/Mãe, O Absoluto, O Primordial, O Eterno, que Se Manifestou e Se Manifesta a cada dia em forma de pessoas incríveis e únicas que me ajudaram - e muito - a estruturar esse caminho e sedimentar minha trajetória até aqui. A essas porções diminutas do Divino, que me acompanharam até aqui, o meu MUITO OBRIGADO. E a todos os que ainda virão, já antecipo o meu sentimento de gratidão por tudo que viveremos juntos.

PREFÁCIO

Qual é o ponto de equilíbrio para a humanidade não perecer diante das inovações do mundo? Quando eu recebi o convite para prefaciar a mais recente obra de Fernando Machado, ao ler o título O Novo Humano — como aplicar a inteligência espiritual na vida e nas organizações imediatamente lembrei de uma polêmica que envolveu um engenheiro do Google. Numa entrevista, ele afirmou que a LaMDA, Inteligência Artificial da empresa, é "autoconsciente" e numa "conversa" sobre a natureza da autoconsciência revelou que um dos seus medos é ser desligada.

Máquina desconectada da energia elétrica ou sem bateria não tem utilidade, ser humano sem oxigênio não tem vida. Máquina com medo da morte? É isso que podemos entender? Há controvérsias sobre a questão, mas, diante da realidade que se apresenta no mundo digital, virtual e do Metaverso, não me surpreenderia que a humanidade chegasse à conclusão de que um robô tem consciência da sua existência.

Nessa tempestade de questionamentos, me vi envolvida com a obra O Novo Humano! Logo nas primeiras páginas entendi que estava diante de uma "confirmação de necessidade" da desconstrução do pensamento linear para uma guinada de consciência sobre o século que vivemos e as inovações que nos deparamos dia a dia. Os alicerces desta geração sustentam combinações de novos jeitos de viver, agir e pensar para a construção de um mundo novo – não há como a humanidade permanecer nos velhos modelos com a estrutura do Universo se movendo de uma forma sem precedentes.

Como estudiosa, observadora e envolvida com as realidades virtuais e as necessidades reais de pessoas e organizações, percebo nas diversas culturas uma movimentação convergente para algo além do que é até difícil transmitir em palavras - uma proeza que o Fernando Machado conseguiu desenvolver de uma forma clara e envolvente nesta obra. Numa alusão à natureza, há uns dez anos tive a percepção de que "a vida é um mar de oportunidades, um oceano de possibilidades e um universo de incertezas". O tempo passou e o contexto é ainda mais atual, considerando que o intangível é agora colocado na balança. Lucidez ou loucura afirmar que a IA tem consciência?

Neste livro, o autor apresenta narrativa interessante sobre três inteligências humanas, a cognitiva (QI), a emocional (QE), e a espiritual (QS), sendo a última tratada com a relevância necessária para nos conduzir a indagações e direções de como aplicar a inteligência espiritual na vida e nas organizações. Durante a leitura é muito provável que o leitor se convença de que as situações incomodas ou limitantes da vida podem ser enxergadas com outras lentes para possamos conviver mais facilmente como elas. O componente espiritual da inteligência nos diferencia da máquina e nos conduz a um outro nível de relacionamento intrapessoal e a relação, ligação ou vínculo com pessoas em diversos contextos.

Envolvido num mundo em transformação, Fernando Machado enfatiza que a inteligência espiritual é uma capacidade de percepção que desponta como imprescindível para que a integração do velho sábio com o novo tecnológico venha emergir como solução e não problema. No mundo corporativo, por exemplo, muitas categorias profissionais perderam a vez para a sistematização de dados e a Inteligência Artificial, porém, as oportunidades de engajamento em novas carreiras são inúmeras. A possibilidade de conhecer culturas distintas, novos estilos, conviver com a diversidade e, principalmente com diferentes gerações em um mesmo contexto é fato. E, explícita, é a evidência de que estamos diante de um universo de incertezas.

Notória a abordagem do autor quando afirma que "as mídias sociais exigem de todos aqueles que querem estar inseridos no mundo atual, um entendimento no mínimo razoável e uma adaptação contínua às novas realidades. Caso contrário, corremos o risco de ficarmos obsoletos e à margem desses processos, podendo ter até a impressão de não estarmos vivendo".

Por mais incríveis que sejam as possibilidades do mundo virtual, há um limite estabelecido onde esses dispositivos não alcançam. Mais percepção, menos reação, liberdade à intuição, sem renunciar à razão emergem como traços marcantes daqueles que estiverem abertos a novos aprendizados e disponíveis ao desenvolvimento da inteligência espiritual em todos os níveis de relacionamentos.

Portador de boas notícias, o livro mostra que mesmo diante de uma realidade aparentemente turbulenta, não há nada errado — o Universo está em pleno processo de desenvolvimento e evolução. Simples assim. Porém há uma decisão individual e intransferível a se tomar. Cada ser humano pode escolher navegar nesse mar de muitas ondas ou naufragar, caso a resistência o paralise e consiga mantê-lo imobilizado, como bem observa Machado logo na introdução do seu livro.

Refletindo sobre todas essas coisas, chego à conclusão de que a inteligência espiritual é o bote salva-vidas nos mares das incertezas, da evolução tecnológica e da diversificação digital. Talvez a única balança capaz de equilibrar a razão e a emoção dos seres humanos com o mundo exterior com base em suas crenças, valores e ações. Vale à pena embarcar nas argumentações do autor para tirar as próprias conclusões.

Por aqui, a leitura deste livro fortalece a minha percepção de que a inteligência espiritual corresponde à misteriosa necessidade humana de buscar respostas às inquietações da consciência - um diferencial do ser humano. O Novo Humano nos revela que não há o que temer, pois somos seres dotados de características essenciais que os novos tempos exigem e certamente nem a Inteligência Artificial do Google tem!

Leila Navarro é palestrante internacional, autora de 16 livros, provocadora de visão e, acima de tudo, gestora de uma mente antenada e pronta para ajudar a entender as incertezas do futuro.

INTRODUÇÃO

Os tempos atuais têm se revelado mais desafiadores em praticamente todas as esferas de nossas vidas. As revoluções - as industriais e a tecnológica - que antecederam a revolução digital que vivenciamos hoje em dia, embora tenham desafiado a humanidade e nos impelido ao crescimento, não evidenciaram tanto a necessidade de adaptação da espécie humana ao novo. Com a revolução digital surgiram processos de trabalho cada vez mais complexos e automatizados: robótica, *drones* e principalmente as mídias sociais, que hoje ditam os rumos de praticamente todos os segmentos da sociedade, do trabalho aos relacionamentos afetivos, do entretenimento à espiritualidade. As mídias sociais exigem de todos aqueles que querem estar inseridos no mundo atual um entendimento no mínimo razoável e uma adaptação contínua às novas realidades; caso contrário, corremos o sério risco de ficarmos obsoletos e à margem desses processos, podendo ter até a impressão de não "estarmos vivendo". Surge um sentimento de desencaixe - e até de abandono em determinados casos. Poderíamos usar o termo adaptabilidade futura, que é a capacidade de prever e se adiantar às prováveis mudanças pelas quais atravessaremos, mas nesse caso falamos de algo que já nos acontece e impacta profundamente nossa vida, nosso trabalho e nossas relações. Essa adaptabilidade, porém, precisa ser considerada sim, porque certamente estamos apenas no início de tudo isso. O que vislumbramos até aqui com certeza é um pontinho minúsculo se comparado às mudanças e novos cenários que ainda virão.

Esse caminho não tem mais volta. Não acredito que se rebelar seja uma forma inteligente de reagir frente a essa iminente realidade. O mais producente que podemos fazer é tentar entender esse cenário - e, na medida do possível, nos adaptar a ele, evidentemente que sem passar por cima da nossa essência, a verdade primordial que caracteriza cada um de nós como indivíduo, nossas crenças, valores e peculiaridades - em outras palavras, nossa marca pessoal.

Uma das consequências que a era digital nos traz é o compartilhamento, sem querer fazer um trocadilho, de estruturas e cenários que antes eram exclusivos de uma faixa etária ou de um grupo específico e que hoje são compartilhados por vários. Um cenário muito comum de se encontrar hoje em dia, no ambiente profissional, por exemplo, é a existência de quatro - ou, em alguns casos, até cinco - gerações diferentes em um mesmo contexto profissional. Podemos encontrar reuniões de planejamento estratégico de uma empresa com profissionais de vinte anos tomando assento à mesa com outros de quarenta, sessenta, oitenta anos e até mais. E é ainda mais cotidiano essas reuniões serem realizadas por meio de alguma plataforma digital, algo que não se via há bem pouco tempo atrás. Outra situação que hoje em dia já não é mais incomum como seria há apenas duas ou três décadas é ver líderes de equipes de trinta anos contando com profissionais de cinquenta ou sessenta anos entre os seus liderados. Essas novas realidades que hoje se tornam cada dia mais comuns, não apenas no ambiente de trabalho, mas em vários segmentos da sociedade, vão exigir da humanidade cada vez mais o uso de suas capacidades e inteligências para que os desafios se convertam em possibilidades e não em problemas.

Em O NOVO HUMANO, irei apresentar uma série de posturas e formas de atuar perante a vida que irão facilitar a nossa adaptação e integração frente à diversidade tão evidente e tão presente em nossas vidas, indo muito além de apenas diferenças de idade como as expostas anteriormente: a diversidade chega também em questões culturais, já que hoje em dia interagimos muito mais com pessoas de outras nacionalidades do que nas décadas anteriores. São pessoas com outras leituras de mundo, costumes e posturas, e as diferenças não param por aí. E não há nenhum problema nisso, desde que tenhamos uma postura flexível e proativa para nos adequarmos a esse novo mundo que já se apresenta. E outras palavras, podemos escolher navegar nesse mar que está adiante ou naufragar nele, caso nossa resistência nos paralise e insista em nos manter mobilizados.

Para conseguir mostrar esse caminho, essa trilha que nos leva a lidar com novas questões de forma inteligente e eficiente, irei inicialmente apresentar os conceitos das três inteligências: a cognitiva (QI), a emocional (QE), e a espiritual (QS). Sem a aplicação na vida diária, pessoal e profissional, dessas três capacidades, provavelmente teremos dificuldades nas diversas áreas de nossas vidas nesses novos tempos. Não pense que essa advertência é apenas direcionada aos de idade mais avançada, que precisam se adaptar às variáveis incessantes da tecnologia e do mundo virtual. Essa informação é para eles sim, mas também para os mais novos, cujas mãos parecem já vir com um dispositivo instalado e não encontram nenhuma dificuldade com a tecnologia e as novas formas de trabalho. Esses também precisam ser flexíveis e entender que, por mais incríveis que sejam as possibilidades do mundo virtual, há um limite estabelecido onde esses dispositivos não alcançam. Ainda não existe uma máquina que produza, por exemplo, o *feeling* necessário para uma tomada de decisão assertiva mediante uma situação delicada em que a empresa se encontra. Nesses momentos, se curvar à experiência de alguém que tem décadas de estrada, que aprendeu a trabalhar numa máquina de escrever, pode ser o que irá salvar a empresa de uma falência ou recolocá-la na trilha da prosperidade.

Entender racionalmente, intelectualmente, o que são e como agem em nossa vida essas três inteligências não é um fator tão fundamental quanto aplicá-las, mesmo não tendo conhecimento delas. Existem pessoas que não têm a menor ideia do que isso significa, pessoas que nunca ouviram falar em tais conceitos, mas que são extremamente desenvolvidas nessas capacidades e que as aplicam naturalmente no dia a dia. E é essa vivência prática que traz os benefícios, não o conhecimento em si. Porém, quando uma pessoa está predisposta a utilizar essas ferramentas no seu cotidiano familiar, pessoal ou profissional, na empresa ou em qualquer outra área da vida, o conhecimento e o entendimento desses conceitos irão, certamente, auxiliá-la a obter benefícios de forma ainda mais potencializada. Para isso, irei discorrer um pouco no primeiro capítulo sobre a inteligência cognitiva, a inteligência emocional e a inteligência espiritual, mostrando o quanto elas dão embasamento e estrutura para a integração plena que esses novos tempos pedem. Irei expor o quanto o emprego delas facilita a interação e entrosamento entre as diferentes realidades de faixa etária e contexto cultural, religioso ou outros que possam estar presentes em nosso ambiente profissional, familiar e pessoal, ajudando o experiente a se adaptar aos mais novos, rápidos e tecnológicos seres, e estes últimos a se adaptar aos mais tradicionais e experientes.

Os leitores irão perceber que darei ênfase especial à inteligência espiritual (QS), uma nova capacidade que desponta como imprescindível para que a integração do velho sábio com o novo tecnológico aconteça e se torne solução ao invés de problema. Essa terceira capacidade - ou inteligência - é de suma importância, especialmente nestes novos tempos, que têm uma velocidade estonteante e novas possibilidades todos os dias nas relações afetivas e nos sistemas de trabalho, comunicação, educação, política, entre outros. O componente espiritual da inteligência é algo que não pode mais ser desconsiderado no universo das relações e sistemas que vivenciamos na atualidade. Na família e na empresa, no lazer e na busca da saúde, seja lá onde nossa atenção estiver focada, vivenciar esse conhecimento na prática irá nos levar a resultados cada vez mais satisfatórios. Sugiro a leitura do livro Inteligência Espiritual, de autoria de Dana Zohar e Ian Marshall, para o leitor que quiser se aprofundar nesse tema.

O NOVO HUMANO é um livro que te ajudará a entender esse universo e a atuar de maneira produtiva dentro dele, minimizando os desafios e potencializando os resultados pelo entendimento e uso das três inteligências em situações do dia a dia. Irei mesclar aqui conhecimentos atuais que são objeto de estudo da medicina, da psicologia e de todas as áreas que se destinam ao desenvolvimento humano com a sabedoria de povos ancestrais, extremamente avançados em aspectos que hoje ainda lutamos severamente para compreender, como a astronomia, a filosofia, a alquimia e outros.

Ao final da leitura deste livro, você terá acessado uma gama de informações e conhecimentos teóricos e práticos que, se devidamente observados, compreendidos, assimilados e principalmente aplicados no dia a dia, trarão resultados fantásticos em todas as áreas, te ajudando a se firmar como um Novo Humano, esse ser dotado das características essenciais que os novos tempos exigem. Daqui por diante e cada vez mais, o sucesso - não apenas profissional, mas também familiar, financeiro, pessoal, no seu empreendimento e em todos os seus projetos de vida - dependerá, e muito, da sua capacidade de fazer uso prático e diário das inteligências cognitiva, emocional e espiritual. Eu presencio em mim mesmo essas mudanças positivas, esses resultados que fazem a diferença na vida. Hoje sou muito mais perceptivo, menos reativo, e consigo utilizar a minha intuição sem abrir mão da minha racionalidade. Já percebo uma série de outras capacidades que hoje possuo por conhecer melhor as bases e por aplicar na vida prática de forma mais eficiente as três inteligências. A Terra já está em plena transformação e em boa parte transformada. A Nova Terra, termo já bastante utilizado em vários setores da sociedade, clama pelo Novo Humano, o ser que estará adequado ao novo funcionamento do planeta. Ao leitor que tiver interesse em entrar nas camadas mais profundas e espirituais desses conceitos, sugiro que pesquise sobre transição planetária, Nova Era ou Era de Aquário, pois aqui abordaremos mais as características desses tempos e o que precisamos entender para podermos funcionar de forma mais eficiente nesse novo cenário, e não as origens espirituais e astrofísicas que deram origem a ele. Para esse fim, sugiro nomes como Gregg Braden, Amit Goswami, Carlos Torres, entre outros. Nas minhas mídias sociais, às quais você terá acesso aqui nesta publicação, também costumo abordar esses temas.

Desejo a todos uma excelente e prazerosa leitura!

SUMÁRIO

Agradecimentos

Introdução

Capítulo 1 - As três inteligências | p. 25

Capítulo 2 - Uma jornada entre dois mundos | p. 43

Capítulo 3 - Do caos à autoconfiança | p. 61

Capítulo 4 - Preparando o caminho | p. 79

Capítulo 5 - Um novo olhar para os desafios | p. 97

Capítulo 6 - A força que vem de dentro | p. 111

Capítulo 7 - Somos mestres e aprendizes | p. 123

Capítulo 8 - A força dentro das organizações; o ser humano no centro do processo | p. 141

Capítulo 9 - Desenvolvendo times entrosados, harmoniosos e vencedores | p. 157

Capítulo 10 - Resultado é equilíbrio | p. 173

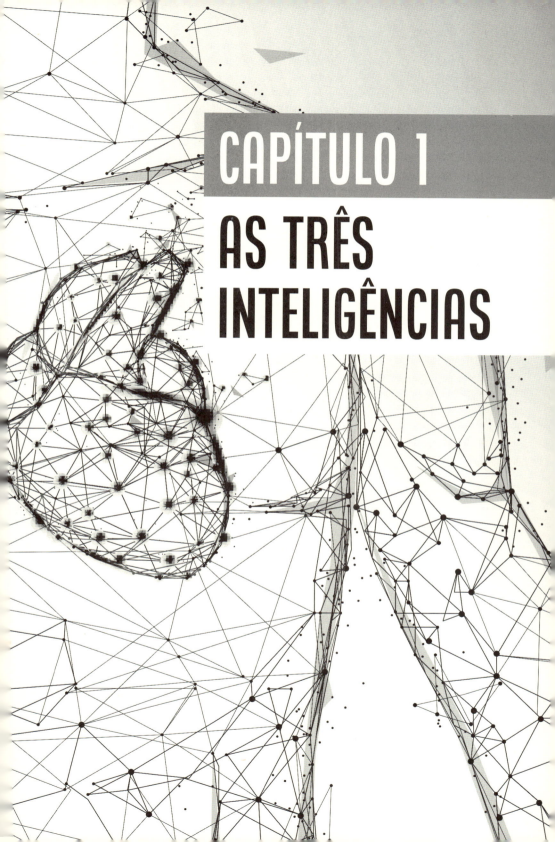

CAPÍTULO 1
AS TRÊS INTELIGÊNCIAS

CAPÍTULO 1
AS TRÊS INTELIGÊNCIAS

As primeiras tentativas de mensurar as capacidades cognitivas nos seres humanos surgiram na China, no século 5, mas foi apenas no século 20 que elas ganharam caráter científico, quando uma pesquisa mais apurada foi iniciada e foram elaborados 10 métodos com a intenção de medir o conjunto de capacidades mentais, verbais e lógicas dos indivíduos, resultando numa medida específica que passamos a conhecer como quociente de inteligência - ou apenas QI.

Fomos levados a acreditar durante muito tempo que o QI de um indivíduo era o responsável majoritário pelos resultados que esse indivíduo iria alcançar ao longo de sua vida, especialmente no âmbito profissional. Porém, com o passar dos anos e com a mudança cada vez mais acelerada do ser humano e dos seus padrões de comportamento e relacionamento intra e interpessoal, começou a ficar mais e mais evidente que, apesar da importância inquestionável de se ter um nível

CAPÍTULO 1

interessante de inteligência cognitiva para a resolução de problemas, tomadas de decisões, velocidade de conectar ideias, conceitos e soluções, que ela por si só não determina e nem sequer é a principal habilidade requerida para que se obtenha sucesso em qualquer área ou projeto de vida.

Em 1995, o psicólogo Daniel Goleman organizou e popularizou uma nova forma de olhar para as habilidades humanas e para as nossas capacidades e inteligências pela publicação do livro Inteligência Emocional, um fenômeno de vendas que levou ao conhecimento do mundo a relação estreita entre estados emocionais saudáveis e altos níveis de satisfação e sucesso, conexão até então conhecida apenas nos meios acadêmicos. A partir desse ponto, a inteligência emocional, ou QE, passou a ser conhecida em larga escala, dando origem a uma gama enorme de novas possibilidades e desafios na esfera do desenvolvimento humano. A inteligência emocional passou também a ser mais e mais discutida, pesquisada e difundida.

Desse período em diante, passamos a entender (e estamos entendendo cada vez mais à medida em que avançamos nesse conhecimento) que as nossas habilidades emocionais têm uma relevância muito maior do que as nossas habilidades cognitivas para o alcance dos nossos objetivos. Daniel Goleman defende que o nosso QI é responsável por cerca de 10 a 20% do nosso sucesso – e atribui ao nosso QE os cerca de 80 a 90% restantes. Esses fatores puderam, e ainda podem, ser observados amplamente. Todos nós conhecemos alguém com uma inteligência cognitiva extremamente avançada,

AS TRÊS INTELIGÊNCIAS

um QI muito elevado, mas que não apresenta as mesmas habilidades no que diz respeito às questões emocionais. Algum leitor pode inclusive se identificar com essa característica. Essa pessoa sem dúvida alguma terá grandes dificuldades em alcançar altos níveis de satisfação e sucesso na sua carreira, nos seus relacionamentos afetivos, na sua vida pessoal e assim por diante.

Existe um outro motivo para olharmos com muita atenção para a inteligência emocional: as variações nos níveis de QI são muito pequenas ao longo da vida. Existem, sim, maneiras de melhorar o nosso quociente de inteligência, mas não de alterá-lo drasticamente. Tendo um QI relativamente baixo, próximo a 80 por exemplo, por mais que haja esforço consciente por parte da pessoa em questão ou de sua família, não será possível elevar o QI a níveis de inteligência considerados acima da média, a partir dos 110. Já os níveis de inteligência emocional, se devidamente estimulados e trabalhados, podem ser exponencialmente elevados em um indivíduo ao longo de sua vida. O Novo Humano é um ser que necessariamente possui habilidades emocionais mais evoluídas - e está sempre em busca de ampliá-las ainda mais.

Irei relatar agora os cinco pilares da inteligência emocional, que segundo Daniel Goleman, podem - e devem - ser trabalhados e estimulados ao longo da vida para que possamos extrair o máximo em resultado e satisfação das nossas experiências, sejam elas de ordem profissional ou pessoal.

CAPÍTULO 1

1. Conhecer as próprias emoções

Esse é o primeiro - e mais importante - passo para quem deseja desenvolver inteligência emocional. Autoconhecimento é a chave que começa a abrir os cadeados que prendem os nossos dons e talentos mais inatos. Saber a respeito de nós mesmos é a maneira mais eficiente de aprimorarmos nossas habilidades emocionais. Precisamos desse entendimento: como reagimos perante os estímulos, os desafios, a pressão, a ansiedade, o estresse, perante as adversidades e também as nossas alegrias e conquistas. Como você lida com as coisas mais corriqueiras do dia a dia? Você é daquelas pessoas que entram num estado acentuado de mau humor ou irritabilidade quando está com fome ou com sono, por exemplo? Ou quando algo simplesmente não acontece do jeito que você queria que acontecesse? E como você reage às cobranças no seu trabalho, como você lida com prazos curtos, com a falta de tempo, com as expectativas e frustrações? É de fundamental importância que se olhe para esses fatores de forma sincera, sem tentar mascará-los, se quisermos realmente nos aprimorar nessa faculdade fundamental para as nossas vidas que é a inteligência emocional.

Eu por exemplo, quando não era atento a essas questões, facilmente me deixava paralisar diante de um acontecimento ou um desafio que se apresentasse em qualquer área da vida. Quando algo exigia de mim uma atitude de enfrentamento, algo que iria me tirar da famosa zona de conforto, eu comumente tentava desviar o olhar; procurava buscar outra forma de resolver que não precisasse enfrentar, e frequentemente procrastinava uma decisão que precisava ser tomada. Foi a auto-observação constante que me levou a identificar esse padrão de comportamento em mim mesmo e consequentemente alternativas para resolvê-lo.

2. Controle das próprias emoções

A partir do momento em que tomamos consciência do como reagimos emocionalmente perante as situações que a vida comumente nos traz, podemos também de forma consciente trabalhar de forma a melhorar nosso funcionamento perante elas. Eu, por exemplo, sempre tive uma dificuldade enorme enfrentando trânsito e engarrafamento. Rapidamente entrava em um estado de extrema irritabilidade. Quando esse padrão reativo de comportamento ficou claro para mim, por meio da constante auto-observação, comecei a me policiar e tentar uma mudança de atitude cada vez que me deparava com uma situação como essa, tão comum nas nossas grandes cidades. Confesso que ainda é algo que exige um esforço descomunal de minha parte para não entrar nesse desconforto emocional. Contudo, hoje em dia, por meio da consciência de que isso é um desafio para mim, e pelo esforço consciente, consigo, na maioria das vezes, dar um novo significado a esses momentos e direcionar a energia de forma criativa e não destrutiva. Nessas ocasiões, procuro fazer planos de vida, coloco algum *podcast* de uma palestra que estava pendente e que gostaria de ouvir, enfim: crio uma situação para utilizar aquele tempo com algo bacana e produtivo. Dessa forma eu acabo não entrando mais naquela

CAPÍTULO 1

irritabilidade por me sentir trancado em algum lugar sem nenhuma possibilidade. Vou dar uma dica de ouro quando o assunto é identificar e trabalhar com as suas emoções negativas: seja amoroso e compreensivo consigo mesmo. No exemplo que dei, pode ser que um dia eu entre na irritabilidade novamente por estar atrasado para um compromisso importante ou algo do tipo. Se isso acontecer, não vou me julgar o mais incapaz dos seres. Irei acolher o meu processo e concluir: está tudo bem. Eu também tenho o direito de sentir isso, mas vou procurar não repetir o padrão da próxima vez.

3. Automotivação (O motivo que nos leva a uma ação)

Quando conhecemos as nossas emoções e reações e passamos a gerenciá-las, começamos a perceber que podemos obter resultados muito mais significativos no trabalho, nos relacionamentos e em qualquer situação de vida. Isso nos traz uma nova possibilidade que talvez não considerássemos anteriormente, que é a de que podemos melhorar e aprimorar a nossa maneira de funcionar no mundo. Podemos ser mais compreensivos com o outro e com nós mesmos, podemos ser mais pacientes, mais otimistas, mais assertivos, mais comprometidos, mais focados, além de uma série de outras coisas que só dependem da nossa percepção e trabalho direcionado para ser aprimoradas. Isso nos dá poder. Saímos daquele fatalismo do "eu sou assim e pronto": porque minha criação foi desse jeito, ou porque sou deste ou daquele signo, e tantas outras justificativas que as pessoas dão para não saírem de suas zonas de conforto. Uma vez que você se conhece, que você sabe como funciona nessa ou naquela situação e começa a empreender um esforço consciente para melhorar sua resposta emocional frente aos cesafios, começa naturalmente a ter resultados melhores em situações cotidianas. Suas novas respostas vão te levando a resultados melhores no trabalho e nos relacionamentos, e quanto mais este fenômeno acontece, mais você se estimula a se desenvolver. Em algum momento da vida, esse trabalho interno passa a não ser mais pesaroso - pelo contrário, ele vai ficando cada vez mais leve e prazeroso à medida em que vamos avançando e vendo os resultados acontecerem.

4. Empatia

Ser empático é fundamental no desenvolvimento da inteligência emocional, é uma característica extremamente necessária nesse mundo com tantas diversidades e diferenças em que vivemos. Não se trata apenas de compreender o outro: é uma questão de procurar se colocar, se inserir no contexto do outro para realmente entender por que ele reage daquela maneira àquela determinada situação. É preciso praticar a escuta ativa, uma das ferramentas mais importantes da comunicação, que consiste em escutar atentamente o interlocutor com todos os seus sentidos despertos, não apenas com os ouvidos. Por exemplo: seu superior lhe deu uma bronca descabida e exagerada por conta de algo simples e você entende que não era pra tanto, que a reação dele foi completamente fora de contexto. Se

CAPÍTULO 1

você não tiver a empatia desenvolvida e essa capacidade de escuta mais aprimorada, provavelmente irá considerar que o chefe não gosta de você ou que ele está pegando no seu pé sem razão. Você irá nutrir ressentimento, antipatia ou até raiva com relação a ele. Porém, se a empatia estiver presente, você tenderá a pensar no porquê de ele agir daquela forma. Poderá considerar a enorme pressão que ele está recebendo dos superiores dele, ou que está passando por um problema conjugal ou familiar com os filhos. Você pode considerar que ele está estressado ou doente, dentre uma série de outras possibilidades - inclusive a diferença de idade e de mentalidade, como foi comentado no início do livro, como um possível fator para que a situação estressante fosse gerada. Mas você só conseguirá fazer isso se tiver uma boa dose de empatia já desenvolvida. Caso contrário entrará no papel da vítima, e não preciso dizer o quanto esse papel é prejudicial em qualquer área de nossa vida. O exemplo do superior utilizado aqui pode ser aplicado em qualquer relação ou contexto. Invariavelmente, a habilidade de sermos empáticos e praticarmos a escuta ativa irá nos levar a níveis de inteligência emocional bem mais elevados, o que resultará naturalmente em melhores resultados e irá facilitar - e muito - a nossa adaptação ao novo modus operandi do planeta.

5. Saber se relacionar interpessoalmente

Desenvolvendo os quatro pilares já mencionados, é bem provável que melhoremos exponencialmente a nossa capacidade de nos relacionarmos com nós mesmos e com as pessoas que nos cercam.

AS TRÊS INTELIGÊNCIAS

Saímos do estado de dependência para nos tornarmos interdependentes. Como foi mostrado no início deste capítulo, é quase inútil que uma pessoa tenha um QI extremamente elevado num ambiente corporativo se ela não tiver um mínimo de habilidade em se relacionar interpessoalmente. Existem muitas pessoas nessa condição: pessoas altamente inteligentes e capacitadas, mas que não conseguem se relacionar saudavelmente com chefes, colegas, equipe, subordinados e assim por diante. Essas pessoas terão prejuízos não apenas na esfera profissional, mas em todas as áreas de vida que requerem relacionamento humano: de um ciclo de amigos a um grupo de estudos, um relacionamento afetivo ou na vida entre pais e filhos.

Empreender esforço consciente para entendermos e nos aprimorarmos nesses pilares da inteligência emocional é crucial para o alcance dos nossos objetivos e para vivermos de forma saudável nesses novos tempos, tanto em nossa vida pessoal como em ambientes profissionais e corporativos. Hoje em dia, cada vez mais, essa habilidade em lidar com as próprias emoções e com as emoções dos que nos cercam deverá ser estimulada por todos aqueles que estão verdadeiramente comprometidos com sua caminhada de evolução e de crescimento pessoal e profissional.

Pelo que foi exposto até aqui, já é possível compreender o quanto o conhecimento acerca da inteligência emocional contribuiu para o nosso desenvolvimento enquanto indivíduos e coletividade. Porém uma terceira inteligência ou habilidade já vem sendo estudada,

CAPÍTULO 1

defendida e difundida há algum tempo por uma boa quantidade de profissionais realmente comprometidos com a evolução do ser humano. Essa terceira inteligência, que iremos abordar aqui, é a Inteligência Espiritual (Spiritual Intelligence), ou simplesmente QS.

Em 2012, a física e filósofa americana Dana Zohar, juntamente com o seu marido, o psiquiatra Ian Marshal, lançou o livro QS – Inteligência Espiritual, já traduzido para 27 idiomas, um trabalho embasado em pesquisas de cientistas de várias partes do mundo que vêm apresentando uma área em nosso cérebro responsável pelas nossas experiências espirituais, chamada de "ponto de Deus". Desde o lançamento do livro, Dana vem sido procurada por grandes companhias para desenvolver o quociente espiritual de seus funcionários e dar mais sentido ao seu trabalho. Esse novo tipo de inteligência, segundo a autora, nos confere senso de propósito, torna a nossa vida mais rica e cheia de significado e valor, nos torna mais criativos e nos impulsiona, valores que estão completamente alinhados com as características do novo mundo que se apresenta.

Numa leitura rápida e distraída, podemos achar que QE e QS são a mesma coisa. Porém se tratam de duas valências e capacidades bem diferentes que podem se confundir em alguns aspectos, por se tratarem de valores subjetivos, não quantitativos, como é o caso do QI. A inteligência emocional vai tratar das nossas reações emocionais frente às situações vividas, aumentando a nossa capacidade de percepção (como frequentemente reagimos aos diferentes estímulos), o que naturalmente nos levará ao ponto seguinte: um controle mais eficiente dessas reações, nos trazendo resultados melhores,

AS TRÊS INTELIGÊNCIAS

mais motivação e empatia, e melhorando todas as nossas relações interpessoais. A inteligência espiritual, por sua vez, nos levará a um sentido mais profundo de cada uma dessas situações vividas. Ela não apenas olhará para a nossa reação perante elas ou como podemos melhorá-las, mas também irá questionar o porquê de estarmos vivendo aquela situação: qual é o significado daquilo, que aprendizado está nos trazendo! Enquanto o quociente emocional fala das emoções, o quociente espiritual fala de propósito, de aprendizado e do significado mais profundo que cada experiência traz.

As pessoas e o universo corporativo estão cada vez mais conscientes do que é necessário para melhor desenvolver suas atividades pessoais e profissionais nesses novos tempos. As empresas que estão um passo adiante já se deram conta de que perseguir lucros, única e exclusivamente, de agora em diante se mostrará ineficaz, e estão voltando seus recursos e esforços para produzir uma nova forma de atuar no mercado. Profissionais de todas as áreas também estão se voltando mais e mais para esta nova realidade. Quem não estiver atento e sintonizado com esta nova forma de funcionamento poderá ter dificuldades na vida pessoal e profissional daqui por diante.

Nesta Nova Terra que será habitada pelo Novo Humano, o propósito, o significado, o valor e o sentido precisam estar presentes nas ações, e não apenas o lucro pelo lucro. Já se vê hoje uma grande quantidade de profissionais optando por trabalhar em empresas onde vão ganhar um salário menor, muitas vezes bem inferior, que acabam fazendo essa escolha porque ela atende melhor seus ideais e perspectivas. Escolhem as empresas alinhadas com seus valores éticos e morais - e tam-

CAPÍTULO 1

bém muitas empresas voltadas para a criação de modelos mais éticos e sustentáveis, olhando para o meio ambiente como jamais olharam e para o ser humano com um olhar mais atento e amoroso, seja ele um colaborador, um cliente, um representante ou um parceiro comercial. É o ser humano ocupando o papel de protagonista, se situando no centro dos processos. Esse é o novo estágio que a expansão da consciência da humanidade já atingiu. E é um caminho sem volta. Estamos ainda muito longe de manifestar uma sociedade perfeita, é verdade, porém já se percebem mudanças extremamente significativas em todas as áreas. Eu, particularmente, acredito que estamos no início do fim de uma era de egoísmo, controle, ganância e manipulação à qual fomos - e ainda estamos - expostos.

Desenvolver o QS, assim como o QI e a QE, torna-se, então, algo imprescindível para quem deseja viver a plenitude em todas as áreas de sua vida - hoje, mais do que nunca. O ser humano, o profissional ou o líder espiritualmente inteligente, segundo Dana Zohar, é movido pelo desejo de entregar o seu melhor ao mundo que lhe cerca. Essa pessoa sempre traz valores e visões mais ampliadas e elevadas aos demais membros do grupo, seja uma família ou uma equipe, é inspiradora, desperta em todos à sua volta o desejo de serem melhores seres humanos e profissionais, é espontânea, colaborativa, verdadeira e tem perspectivas amplas.

Dana Zohar aponta dez qualidades comuns às pessoas espiritualmente inteligentes que acabam sendo um norte para quem quer desenvolver essa capacidade:

AS TRÊS INTELIGÊNCIAS

1. Praticam e estimulam o autoconhecimento profundo;
2. São conduzidas por valores humanos, são idealistas e creem na vida;
3. Têm a capacidade de encarar desafios e utilizar as adversidades a seu favor;
4. São holísticas, têm a visão do todo integrado e a percepção de unidade;
5. Celebram a diversidade como fonte de beleza e aprendizado;
6. Têm independência de pensamento e comportamento;
7. Perguntam sempre "por que" e "para quê"? São agentes de transformações;
8. Têm a capacidade de colocar as coisas e os temas num contexto mais amplo;
9. Têm espontaneidade de gestos e atitudes e são equilibradas emocionalmente;
10. São sensíveis, fraternas e compassivas.

Para quem quer estar alinhado com os novos tempos, com o novo funcionamento do mundo nas questões profissionais, afetivas e sociais, é fundamental trabalhar no desenvolvimento das três inteligências. É preciso que o Novo Humano, esse ser que irá ditar os rumos da Nova Terra, adote uma série de novas condutas e posturas perante a vida, baseadas nas habilidades descritas neste capítulo.

CAPÍTULO 1

A partir do segundo capítulo serão apresentadas algumas condutas e posturas que, se bem observadas e implementadas na vida prática e cotidiana, irão ajudar-nos a compreender e a funcionar de forma muito mais fluida e eficiente dentro dessa nova realidade que já se apresenta. Dessa forma teremos muito mais assertividade nas nossas relações pessoais e profissionais, e principalmente na relação com nós mesmos, o que irá facilitar - e muito - a vida em todos os aspectos, potencializando os nossos resultados.

Cada postura apresentada terá uma relação maior com alguma das três inteligências, mas provavelmente exigirá a presença de todas as três para que seja amplamente colocada em ação. Não é necessário que você identifique com qual das três inteligências esta ou aquela postura está relacionada - o importante é que você as assimile da melhor maneira possível e procure aplicar na vida pessoal e profissional cada vez que tiver a oportunidade de fazer isso. Com a prática consciente e constante, esse modus operandi passa a ser uma parte natural das suas ações diárias, e o seu modelo mental e padrão de funcionamento vão se transformando gradativamente e começam a trabalhar a seu favor, ao invés de sabotá-lo. Daí por diante, o êxito começa a ficar mais e mais natural. Você começa a se adaptar às novas formas de trabalhar e se relacionar com o outro, consigo mesmo e com o mundo, se sente cada vez mais confortável e começa a viver uma vida muito mais fluida e com mais sentido. Finalmente, quando se chega a esse ponto em que o fluxo constante se estabelece, você não precisa mais se esforçar para ter sucesso: você entrou na correnteza de um

AS TRÊS INTELIGÊNCIAS

rio que não para de fluir. Você se tornou uma pessoa de sucesso e passará a se sentir completamente confortável nesse novo mundo que, por vezes, pode ser tão inóspito e desafiador.

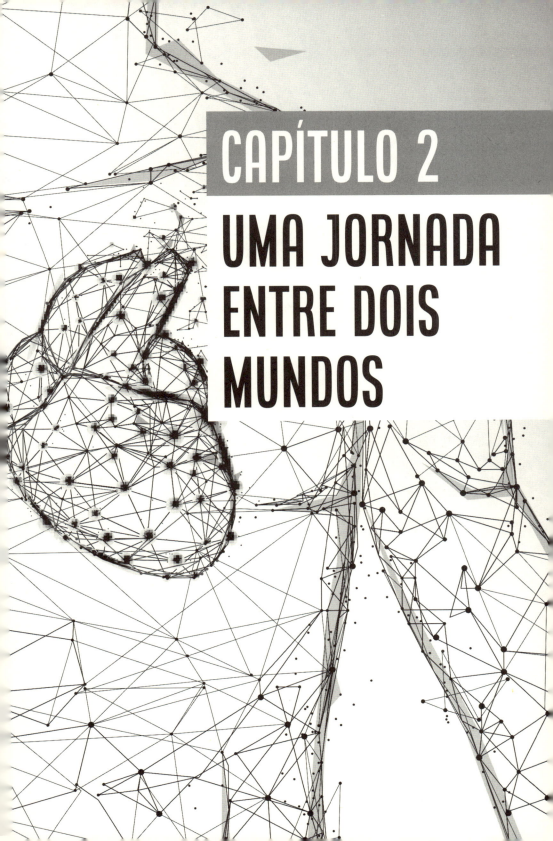

CAPÍTULO 2
UMA JORNADA ENTRE DOIS MUNDOS

CAPÍTULO 2

UMA JORNADA ENTRE DOIS MUNDOS

É muito comum encontrarmos pessoas que vivem literalmente duas vidas paralelas: a vida dos sonhos, aquela que se imagina que seria a vida perfeita, ideal, e a vida real, aquela que se vive de fato. Infelizmente, a crença de que essas duas vidas são completamente incompatíveis assola a maioria esmagadora dos habitantes do planeta, que a partir dessa crença passam a viver de forma automatizada e sem brilho. Essas pessoas vão perdendo gradativamente a capacidade de sonhar - afinal de contas, de que adianta? Nunca vou conseguir tornar real essa vida perfeita que embala meus sonhos, não é mesmo? Ligam então o modo automático e seguem adiante, atribuindo à fantasia ou a falta de maturidade os sonhos que um dia tiveram, sendo comum encontrar pessoas de 30 anos dizendo: "Quando eu era jovem, sonhava em ser tal coisa..." Sinceramente, fico triste quan-

CAPÍTULO 2

do ouço algo desse tipo. Me vem logo o pensamento: "Meu Deus! O que faz uma pessoa tão jovem desistir assim tão prematuramente daquilo que faz seus olhos brilharem?" Essa é sem dúvida uma herança do velho paradigma, do velho modus operandi do planeta. Por mais que isso me incomode, me parece um fato cada vez mais presente que as pessoas em uma certa idade passem a acreditar que fazer com que a vida dos sonhos se torne a vida real parece enredo de conto de fadas ou produção de Hollywood. Eu adoro cinema, mas não tenho dúvidas de que grande parte do seu sucesso é atribuído ao fato de as pessoas viverem seus sonhos por meio das telas por não se acharem capazes ou merecedoras de viverem por elas mesmas, em suas vidas diárias, o que os seus personagens preferidos vivem.

Eu mesmo sempre tive o sonho de ser um grande palestrante e escritor. Quando contava com meus vinte e poucos anos de idade eu me via sempre numa plateia cheia de gente, com centenas de pessoas que me aplaudiam e se emocionavam com as minhas palavras. Eu me via numa mesa autografando livros, e atrás dessa mesa centenas de pessoas que esperavam pacientemente com seus exemplares nas mãos para finalmente conseguirem tirar uma foto e terem seus livros autografados. Mas confesso também que, pelas circunstâncias da vida, em algum momento eu passei a pensar... "Que viagem!" Passei a me contentar com sobreviver, trabalhando arduamente para dar conta da vida, dos compromis-

UMA JORNADA ENTRE DOIS MUNDOS

sos financeiros, da família, etc. Também comecei a acreditar em algum momento que meus sonhos e minha vida real jamais se encontrariam. Passei a enxergá-los como o dia e a noite, onde um tem que sair de cena para que o outro tome o lugar. Durante esses anos de desilusão, eu tinha sempre a minha verdade pronta ao me referir às pessoas que viviam o seu ideal de vida na prática, em suas vidas profissionais: "Pra fulano de tal fica fácil", eu sentenciava! "Veio de uma família abastada, não precisou correr atrás!" Ou... "A sorte bateu à porta do fulano..." Coisas do tipo, que evidenciavam o quanto eu estava ressentido e distante do meu centro de força e da minha verdade. Assim vivi por muitos anos, me vitimizando, me enganando e tentando me convencer de que era feliz vivendo e manifestando algo muito abaixo do que meus potenciais e sonhos sinalizavam. Talvez você se identifique com isso. Assim fui, praticamente empurrando com a barriga até que passei por uma situação que me levou a experimentar a depressão e uma síndrome do pânico horrível, onde fiquei por dois anos mergulhado num caos emocional imenso e tive que buscar forças que até então eu nem sabia que eu tinha para me curar daquilo tudo. Quando finalmente essa cura aconteceu e esse período escuro começou a se desvanecer, eu me senti encorajado a quebrar o cadeado do baú onde tinha guardado meus sonhos mais verdadeiros e comecei a olhar para eles novamente, sem máscaras, deixando de considerá-los devaneios, coisas da minha cabeça, sonhos inatingíveis ou qualquer coisa que me afastasse do desejo profundo de

CAPÍTULO 2

realizá-los. Era a semente do Novo Humano germinando em mim, a partir desse momento. O palestrante e escritor que hoje vive o sonho na vida real começou a emergir como uma flor de lótus que emerge da lama e floresce com notável beleza.

"Como você conseguiu fazer isso, Fernando?" "Como conseguiu finalmente tornar seu sonho em seu modo de vida?" Essas são algumas das perguntas mais recorrentes que recebo hoje em dia. Aonde quer que eu vá, mais e mais pessoas querem fazer esse movimento de voltar a olhar para os seus sonhos e ideais mais verdadeiros, retomar sua essência, voltar a sentir o arrepio e a alegria de uma vida profissional cheia de significado e propósito. E fico muito feliz quando alguém me faz essa pergunta, pois essa é a prova de que essa pessoa não quer mais viver aquilo que não reflete a sua verdade, aquilo que não faz seus olhos brilharem. Significa que essa pessoa está viva e acessou algum ponto dentro de si mesma que lhe indica que pode, e deve, não apenas vislumbrar uma vida cheia de sonhos e objetivos, mas também voltar a persegui-los. E isso não significa necessariamente uma mudança drástica de carreira ou de empresa, porque isso às vezes pode representar dificuldades para a própria pessoa ou sua família, dificuldades que talvez possam ser evitadas. Em muitos casos, o que se torna necessário é apenas mudar a forma de olhar ou o jeito como vem se realizando o trabalho ou se tocando a vida. Entrando nesse ponto me vem o título de um livro que exprime o que quero

UMA JORNADA ENTRE DOIS MUNDOS

aqui demonstrar: Tudo posso, mas nem tudo me convém, de autoria de Gisela Savioli.

Uma das características mais marcantes da Nova Terra é que as pessoas passarão mais e mais a viver de acordo com os seus ideais mais elevados, começarão a entender que a vida faz muito mais sentido quando é vivida com intensidade em cada uma de suas fases. O Novo Humano entende que o lugar onde ele está hoje é o lugar mais apropriado para o desenvolvimento de sua alma. Ele pode - e deve - almejar voos mais altos, buscando a satisfação plena na vida profissional e em todas as áreas, mas, diferentemente do velho humano, pautado no velho paradigma, ele sabe que apenas oferecendo o seu melhor a si mesmo e ao mundo à sua volta poderá dar os passos necessários que o levarão ao próximo momento, ao próximo degrau da escada. Essa é uma característica de um ser espiritualmente inteligente: ele não atribui ao acaso ou a sua má sorte trabalhar num lugar onde não gosta, por exemplo. Ele tem a clareza de que só está nesse lugar porque há um aprendizado em curso. Ele precisa obter dessa situação ou dessa empresa as lições que tem para aprender ali, assim como precisa entregar a ela as suas melhores capacidades e habilidades de modo que beneficie as pessoas que ali convivem, trabalham, e todos aqueles que de alguma forma têm algum vínculo com a sua atual atividade. Apenas dessa forma ele se graduará ao passo seguinte. O Novo Humano sabe disso.

CAPÍTULO 2

Voltar a viver ou almejar uma vida cheia de significado, enxergar o propósito naquilo que se propõe a fazer, passa então a ser uma das marcas mais presentes neste novo ser que irá ditar os rumos da Nova Terra. E como é possível manifestar esse propósito, esse brilho todo especial e peculiar que a alma traz para compartilhar com o mundo? Em resposta a essa pergunta, gosto sempre de ressaltar, em primeiro lugar, que não existe uma receita infalível para que isso aconteça. Não existe um passo a passo definitivo para que alcancemos a plenitude e manifestemos o nosso propósito no trabalho ou na vida pessoal. Não há uma cartilha, um livro de regras incontestáveis que te levarão a isso, e se alguém quiser te apresentar algo igualmente infalível para todos os seres humanos, em todas as faixas etárias, culturas e contextos, eu humildemente sugiro que não aceite. As pessoas são diferentes, funcionam de formas diferentes e vivem as mais diversas realidades; por isso, a existência de uma receita inquestionável para todos se torna tão absurda quanto a ideia de aquecer o corpo abraçando um bloco de gelo. Existem, porém, alguns preceitos comuns a todos, que, se adequadamente adaptados à pessoa e contexto em questão, potencializam - e muito - a possibilidade de êxito em reverter para a sua realidade profissional e pessoal o sonho mais verdadeiro que está guardado lá no fundo do seu baú.

Um dos objetivos deste livro é expor princípios e posturas práticas que podem - e devem - ser devidamente ajustados e adap-

UMA JORNADA ENTRE DOIS MUNDOS

tados ao contexto de cada pessoa para serem aplicados em suas vidas. A partir disso, do ajuste e adaptação coerentes a cada caso, esses princípios com certeza irão facilitar o seu processo. Eles irão ajudá-lo a estar em consonância com os novos tempos e com todos os desafios que ele traz - e suas possibilidades de êxito com certeza serão muito maiores. Atentem para a palavra processo. Muitas pessoas buscam um milagre, querem consultar um terapeuta ou tomam alguém por guru na expectativa de que essa pessoa lhe dê a chave milagrosa que irá abrir todas as portas que a levarão ao sucesso. O que essas pessoas querem é chegar aos seus objetivos e realizar seus sonhos. Querem viver a paz e a plenitude de uma vida pessoal e profissional cheia de alegria e significado, pulando a parte que não pode ser pulada para que isso aconteça. A essa parte daremos o nome de processo! Guardem bem isso se realmente estão comprometidos em alcançar altos níveis de satisfação nas mais diversas áreas de sua vida. Não existe milagre, existe um processo que precisa ser vivido, uma trajetória que precisa ser trilhada para que essa sensação de êxito seja experimentada. E, durante essa caminhada, não se esqueça de desfrutar das delícias e aprendizados do caminho!

Porém, em primeiro lugar, para que um sonho ou propósito possa ser vivido na prática, precisamos identificá-lo, não é mesmo? Você já identificou o seu? Para podermos seguir por um caminho, é necessário que identifiquemos, antes de mais nada, para

CAPÍTULO 2

qual direção temos que seguir. É muito comum encontrarmos pessoas completamente desorientadas, que se afastaram tanto de si mesmas que não fazem a menor ideia do que vieram fazer aqui neste planeta ou que rumo tomar. O mundo à nossa volta, os meios de comunicação e a velocidade com que mudam os estímulos e informações nos nossos tempos contribuem muito para esse estado de desorientação, nos levam a estados cada vez maiores de distração, de desconhecimento de nós mesmos. Assim é o funcionamento do mundo atual, com sua velocidade estonteante, que tomou o lugar de um mundo mais sólido, lento e com mudanças graduais, marcando a geração de nossos pais e antepassados. Nessa nova realidade, onde as verdades duram 24 horas, gastamos todo o nosso tempo e energia buscando acompanhar as mudanças frenéticas que o novo ritmo de vida impõe. Acabamos por não ter ou não dedicar um tempo necessário e fundamental para o autoconhecimento, para o reconhecimento de nossos sonhos e potenciais mais elevados. Somos conduzidos quase que freneticamente a uma busca desenfreada por algo que sequer sabemos o que é na maioria das vezes. Simplesmente seguimos adiante, movidos pelo tsunami de informações e novidades que nos atinge todos os dias.

Uma vez envolvidos nessa trama à qual damos o nome de vida moderna, precisamos de uma boa dose de consciência e força de vontade para podermos voltar e reencontrar aquele ser

UMA JORNADA ENTRE DOIS MUNDOS

real, genuíno, aquela porção mais verdadeira de nós mesmos. É indispensável que façamos o caminho de volta a esse ponto de conexão interno, pois é apenas nesse lugar que vamos encontrar a resposta correta para as perguntas que não querem calar: "Qual é o melhor caminho profissional a seguir? Que esteja de acordo com os meus talentos? O que vim fazer aqui? Quais são meus verdadeiros potenciais e aptidões? De que forma posso utilizar meus talentos dentro da organização?" E às vezes nos surpreendemos ao constatar que na verdade já estávamos no caminho certo, no lugar certo, no trabalho e na empresa certa. Já estávamos usando nossos potenciais, no relacionamento mais adequado, mas achávamos que tínhamos necessariamente que mudar de rumo. Isso porque, se não estamos em contato com esse sábio guia interno, tendemos a seguir cegamente o fluxo do mundo à nossa volta, que muda todos os dias. Agora você deve estar se perguntando: "E como é que faço contato com essa porção mais interna? Qual é o caminho que me levará a esse lugar onde estão as respostas a essas perguntas?" Aqui chegamos num ponto de convergência, em que muitos autores, ou talvez todos os que são referência mundial em satisfação pessoal, plenitude e autoconhecimento, e praticamente todas as religiões e filosofias, se encontram. Praticamente todos convergem para a ideia de que a trilha que leva até esse lugar (que poderíamos até chamar de lugar sagrado, ou "ponto de Deus", de acordo com Dana Zohar) onde todas as respostas a essas perguntas estão contidas é o silêncio! Este é o portal de entrada

CAPÍTULO 2

que faz-nos desenvolver a primeira qualidade ou característica de uma pessoa inteligente tanto emocional quanto espiritualmente: o autoconhecimento. Sem ele, todos os outros esforços em algum momento se mostrarão infrutíferos.

Não é por acaso que o silêncio é tão desencorajado nos tempos atuais. Ele necessariamente nos leva a um nível diferenciado de autoconhecimento. Quanto mais ele é praticado com seriedade e comprometimento, mais e mais acessamos nosso centro de força e nossos sonhos até então adormecidos, nossos potenciais mais latentes, assim como os meios para a viabilização desses sonhos e potenciais que passam a nos ser apresentados à medida que avançamos nessa trilha rumo a esse mundo interno onde todas as respostas se encontram.

Antes que você passe a acreditar que estou aqui pregando a meditação como ela nos foi apresentada, que é algo praticamente inviável para um ocidental, deixe-me já de antemão dizer que pretendo desconstruir totalmente essa visão fechada e empacotada que nos passaram a respeito dessa prática. O que pretendo aqui é despertar a consciência de que não vamos jamais ter um nível de conhecimento satisfatório acerca de nós mesmos se não nutrirmos momentos de conexão e contato íntimo com nós mesmos. É assim que você passa a conhecer a intimidade de alguém, não é mesmo? Estando com essa pessoa, dividindo momentos de intimidade com ela, participando e ouvindo suas angústias,

UMA JORNADA ENTRE DOIS MUNDOS

sonhos, dúvidas e dilemas. Então por que seria diferente o caminho para o conhecimento de si mesmo? E é exatamente isso que quero encorajar aqui, esse hábito libertador, porém desafiador, de passar mais momentos em contato consigo próprio, com o seu lado de dentro. Proponho fugir todos os dias das distrações do mundo por ao menos uns poucos minutos e se voltar para o lado de dentro, procurando acessar esse lugar sagrado que tem todas as respostas a respeito de nós mesmos.

A mensagem mais importante que quero trazer a respeito dessa prática é: REAVALIE O QUE VOCÊ APRENDEU A RESPEITO DELA! Repense os protocolos, permita-se questionar os "modelos corretos" para a prática de meditação e silêncio e SIMPLESMENTE sente-se, ou deite (sim, isso não é um problema), fique de pé, fique do jeito que você quiser, e não tente eliminar os pensamentos. Com o tempo de prática é natural que eles se abrandem, mas a mente sempre vai estar presente no processo. Ela faz parte. O que acontece é que, com a prática, começamos a tirar um pouco o foco dela e passamos a colocar essa atenção na respiração, no sentir, e à medida que vamos nos aprofundando nisso vamos acessando camadas mais internas de nós mesmos e encontrando mais e mais respostas. O processo é simples, mas foi tornado muito complexo pelos "entendidos", o que acabou nos distanciando dessa prática maravilhosa que deveria ser uma das coisas mais naturais no dia a dia de um ser humano. Mas é possível voltar a acessar isso des-

CAPÍTULO 2

complicando, "desritualizando", apenas tirando alguns momentos do dia para respirar de forma mais consciente, mais integrada, do seu jeito e na sua posição, por quanto tempo você sentir que deve ou que o seu dia permite.

MEDITAR significa ME – DIZER! Quando eu ME DITO, estou me colocando num estado receptivo para que o meu Eu Superior me diga, me dite, me mostre as minhas verdades, a melhor decisão a ser tomada, meu propósito de vida e tudo o que eu preciso saber a respeito de mim mesmo.

Esse princípio fundamental é o ponto base para todo e qualquer entendimento e clareza a respeito de nossa caminhada em todos os aspectos da vida, e com certeza não é diferente no que se refere à nossa trajetória profissional. É uma prática que deveria ser encorajada do estagiário ao CEO, dentro dos próprios limites de espaço e tempo das corporações. Aliás, muitas delas já estão desenvolvendo essas práticas durante o expediente, difundidas como meditação *mindfulness*, que já é comum pelos corredores da GOOGLE, STANFORD, HARVARD, IBM, VOTORANTIM e tantas outras, por já terem entendido que um ser humano conectado e consciente de si mesmo se torna muito mais integrado no trabalho, oferece soluções muito mais assertivas, desenvolve senso de equipe e cooperação - e o melhor de tudo, começa a entender que a sua atuação, seja lá qual for o posto que ocupe dentro da empresa, irá gerar impacto nas pessoas ao seu redor. Por consequência

UMA JORNADA ENTRE DOIS MUNDOS

desse impacto, positivo ou negativo, a carreira desse ser humano será extremamente influenciada, mas essa consciência só emerge quando o ser está conectado consigo mesmo. Por isso essa prática, muito além de ser algo que vai beneficiar apenas o seu mundo interno, vai aumentar exponencialmente suas chances de ser um profissional altamente eficiente, produtivo, alegre e de sucesso.

Se perguntarmos para 1.000 pessoas se gostariam de contar com um gênio da lâmpada durante toda a sua trajetória profissional, desde os primeiros passos como estagiário de uma empresa, ou nos primeiros anos de um desafiador empreendimento ou uma carreira como autônomo, eu acredito que as 1.000 responderiam: "Sim, claro que eu quero ter um gênio da lâmpada, um ser que me dê todas as indicações dos caminhos que devo seguir, os passos que tenho que dar, não apenas na minha vida profissional mas pessoal também". Porém acredito que nem 5% dessas pessoas estão cientes de que esse gênio da lâmpada sempre esteve ali à disposição para trazer luz e clareza durante todo o processo, durante toda a caminhada. Por esse motivo, são muito comuns os casos de desorientação completa. As pessoas caminham tateando no escuro, cambaleantes, inseguras, simplesmente porque não param para dar voz aos seus gênios internos. Uma pena! E você? Tem o hábito de consultar o seu gênio interno? Lembre-se! Ele sempre esteve aí e sempre estará, mas ele só te dá as respostas à medida em que for consultado. Tente não negligenciar esse primeiro - e

CAPÍTULO 2

básico - princípio se você realmente pretende ter uma história profissional e pessoal plena e com significado.

Continuarei abordando nos próximos capítulos outras questões de extrema importância, conhecimentos que adquiri nos livros e no palco da vida que irão nos proporcionar uma verdadeira transformação no nosso cotidiano e nos beneficiar na esfera pessoal, profissional, afetiva, financeira, familiar, na saúde e em tudo o que nos cerca, nos aproximando mais e mais desse Novo Humano que estamos fadados a nos tornar para acompanhar os novos rumos e estarmos em harmonia com o funcionamento da Nova Terra. Não importa em que estágio de vida você se encontra hoje, se está buscando se encontrar nos mais variados aspectos ou se já é uma pessoa realizada, cheia de reconhecimento e bem sucedida: ao entrar em contato com as ferramentas apresentadas neste livro, partindo já dessa primeira, o silêncio, você poderá ressignificar toda a sua história pregressa, o caminho já trilhado, o seu momento presente e os passos a serem dados daqui por diante. Assim você irá entender que é possível desenvolver e colocar em prática as três inteligências no cotidiano e potencializar seus resultados na mesma proporção em que se torna mais feliz, pleno e realizado.

Quebre o cadeado do baú onde você guardou os seus sonhos mais genuínos e ouse vivê-los. Volte-se para esse mundo interno e redescubra o que você colocou lá dentro e esqueceu por medo,

UMA JORNADA ENTRE DOIS MUNDOS

comodidade ou conveniência, ou por estar demasiadamente atado ao velho paradigma que diz que a vida precisa ser dura, que as coisas só vêm depois de muito suor ou sofrimento. Acredite, você pode - e merece - viver a vida dos seus sonhos. CHEGOU A HORA DE RESGATÁ-LOS! Estou certo de que as ideias apresentadas aqui irão ajudá-lo a resgatar o brilho no olhar e o sabor na sua história profissional, pessoal, na sua carreira ou no seu negócio.

Comece levando a sério a prática do silêncio.

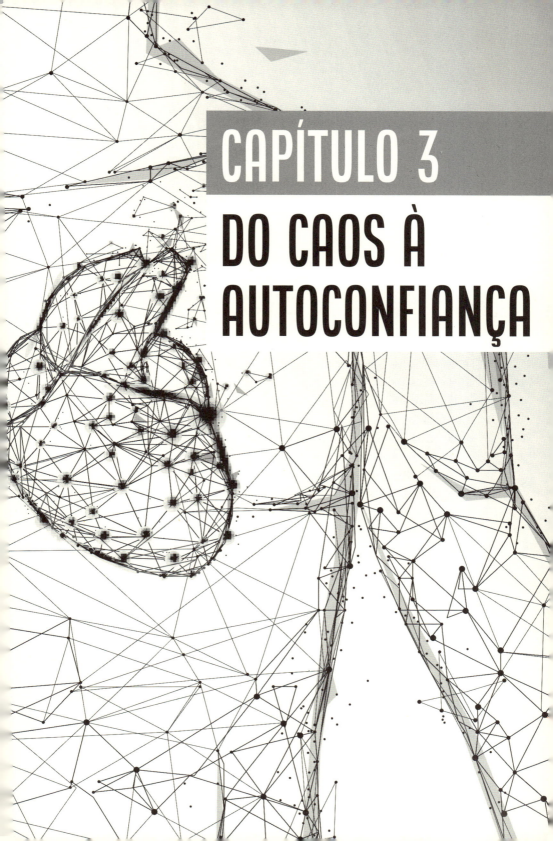

CAPÍTULO 3
DO CAOS À AUTOCONFIANÇA

CAPÍTULO 3

DO CAOS À AUTOCONFIANÇA

Um dos motivos que mais nos causa enfraquecimento, perda de poder de realização dos nossos projetos, desconexão ou desordem emocional e mental é o fato de estarmos distantes de nós mesmos, da nossa origem, nossa essência. Em se tratando desse Novo Humano, a necessidade de estarmos em conexão com a nossa porção mais verdadeira é ainda mais urgente! Esse novo ser clama por estar no seu lugar de origem. Se tem algo que gera extremo desconforto para ele, é estar desencaixado de si mesmo, seja no aspecto profissional, pessoal ou afetivo. Se você é uma pessoa que se identifica com essas características do Novo Humano que já venho destacando nos capítulos desse livro, provavelmente irá concordar com isso, não é mesmo?

É muito comum, mesmo para os que já identificam em si mesmos características do Novo Humano, que esse processo de distanciamento comece a ocorrer já no fim da infância. Ele vai ficando

CAPÍTULO 3

mais evidente à medida que o tempo passa. Logo nos primeiros anos da adolescência, essa caminhada rumo ao sentido oposto de si mesmo começa a ficar óbvia e acelerada. São vários os fatores que nos levam a isso: primeiro a necessidade de pertencimento, de sermos aceitos nos grupos, de sermos amados e admirados, e, com o passar do tempo, necessidades ainda mais básicas como sobrevivência, manutenção de um posto de trabalho, desejo de ascensão social, a manutenção de um relacionamento amoroso e vários outros. Essas e outras necessidades, que a pirâmide de Maslow catalogou por ordem de importância, acabam nos forçando em certos momentos da nossa vida a nos adequar, a nos moldar aos contextos e circunstâncias que nos rodeiam. Em algum momento praticamente todos nós acabamos cedendo e nos adequando, nos enquadrando, mesmo que isso signifique a nossa total descaracterização, a perda da nossa individualidade, das nossas características mais marcantes. Vamos passando a acreditar que o nosso jeito mais autêntico de ser não favorece uma ou mais dessas necessidades, e às vezes imperceptivelmente vamos mudando, deixando de ser nós mesmos. Consequentemente, vamos perdendo o brilho que é peculiar à nossa individualidade. Perdemos espontaneidade, mais uma característica de alguém que tem inteligência espiritual desenvolvida. Você consegue detectar algum momento de sua vida em que esse distanciamento de si mesmo tenha ocorrido?

Eu sempre tive um jeito espontâneo, expansivo. Falo alto, gesticulo bastante, talvez uma herança da parte italiana da família, mas lembro que uma das minhas primeiras namoradas, uma menina

DO CAOS À AUTOCONFIANÇA

pelo qual eu era extremamente apaixonado não gostava muito desse meu jeito. Quando íamos a alguma festa de amigos ou de família e esse Fernando começava naturalmente a falar alto e gesticular ela me puxava discretamente pelo braço ou me lançava um olhar de reprovação que acabava me deixando sem jeito. E o que eu fazia? Parava de me comunicar daquele modo, procurava conter meu tom de voz e minha linguagem corporal. Me limitava, me adequava, porque queria que aquele relacionamento perdurasse. Eu não tinha nem 20 anos nessa época, e sem perceber já estava permitindo que o mundo à minha volta me moldasse, me colocasse em uma caixa com limites bem estabelecidos. Com essa e tantas outras concessões e adaptações que fiz ao longo da minha caminhada, fui me afastando mais e mais de mim mesmo, até o ponto em que me vi completamente desconectado da minha essência, da minha luz, do meu centro de força. E assim permaneci durante um longo período de minha vida, dizendo sim para o mundo o tempo inteiro, para tudo o que me cercava, fatos, situações e pessoas. Fiz essa escolha por medo e por conveniência, sem ter a consciência de que, na grande maioria das vezes, esse sim para o outro significava um grande não para mim. Eu negava, a mim mesmo, minha essência, minhas características mais peculiares. Durante todos esses anos em que me mantive afastado de mim, experimentei todas as angústias e tristezas que são típicos desse distanciamento. Como disse anteriormente, tive síndrome do pânico, depressão, sérios problemas de saúde física e emocional. Não prosperava, o trabalho não fluía, não tinha vitalidade e estava também completamente perdido em relação a

CAPÍTULO 3

qual caminho seguir, pessoal, profissional e em todas as esferas da vida. Esse foi sem dúvida o período mais angustiante que já vivi. Nessa época, quando cheguei no ápice do afastamento da minha essência, contava com aproximadamente 35 anos. E essa fase, que eu poderia chamar de período caótico da vida, ou o grande inverno da alma, durou até os meus 38 anos. Se você já viveu algo parecido, sabe o quão angustiante pode ser esse processo. Somente quando a situação se tornou insuportável, quando eu identifiquei o famoso fundo do poço logo abaixo dos meus pés, é que comecei a procurar formas de me reaproximar de mim mesmo e provocar esse reencontro com a minha porção mais original e verdadeira. Na medida em que fui me conectando mais e mais com o meu ser primordial e verdadeiro, fui resgatando as características maravilhosas e únicas do meu temperamento, que havia deixado pra trás por conveniência ou sobrevivência. Fui aos poucos me fortalecendo. A base foi voltando, a coragem, a estrutura, a autenticidade. Naturalmente foi voltando o brilho no olhar, a vontade de viver que já havia se esvaído, o bom humor, a leveza, e a capacidade e vontade de ir atrás dos meus sonhos e conquistá-los. Esse Fernando de hoje, palestrante e escritor, que vive o sonho que embalava o menino, que traz dentro de si um maravilhoso sentimento de vitória e de estar vivendo a sua verdade, é fruto dessa decisão de trilhar o caminho de volta e da superação de muitos obstáculos que se colocaram nesse retorno, que foram sendo transpostos um a um.

Penso que a maioria esmagadora dos habitantes do nosso planeta fez este caminho de distanciamento de si mesmos, em variados

DO CAOS À AUTOCONFIANÇA

graus, é claro, havendo pessoas que se deslocaram apenas um pouco e desviaram levemente seus caminhos, mas logo perceberam isso e já retornaram pro seu centro, outras que se distanciaram um pouco mais, e as que se afastaram totalmente do seu eixo central, que se descaracterizaram completamente. Não importa muito em qual desses grupos você se encaixa: se você tem uma sensação de que não está sendo 100% você, ou de que não está manifestando todo o seu potencial, mesmo que essa sensação seja leve isso demonstra que houve um deslocamento, um distanciamento com relação ao seu eixo central. Talvez o momento mais importante de nossa vida seja quando a gente enfim percebe isso e decide fazer o caminho de volta. O Novo Humano simplesmente não consegue se manter afastado de si mesmo por muito tempo sem que isso lhe cause prejuízos na sua saúde física, emocional, mental e espiritual.

Se percebermos a vida, a forma como ela é configurada, e olharmos com atenção para a nossa história, para a história dos nossos familiares, amigos e praticamente todas as pessoas que vamos conhecendo e conectando pelo caminho, constatamos uma trajetória que é comum a quase toda a população do planeta, que acaba resultando nesse distanciamento a que me refiro. É lógico que não pode ser tomado como regra, pois, como também foi enfatizado no capítulo anterior, somos seres complexos e muito diferentes. Tudo aquilo que tenta nos uniformizar, nos tornar iguais, corre o risco de cometer severos erros de julgamento, então apresento isso como uma tendência apresentada pela espécie humana - e não como uma verdade absoluta.

65

CAPÍTULO 3

Essa história é mais ou menos assim: a criança, de uma forma geral, apresenta aspectos que a mantém muito próxima de si mesma, de sua origem, de sua essência. Isso que a mantém genuína e inteira, não fragmentada. Vou citar alguns desses importantes aspectos e sugiro que você faça o exercício de voltar na sua própria história. Permita-se viajar pelo tempo e se conectar aos seus primeiros anos de vida, principalmente à primeira década, e tente acessar suas memórias e lembrar se você possuía, nessa época da sua vida, as características que irei apresentar agora.

PUREZA. Essa é, claro, uma das características mais óbvias, que com certeza vamos concordar que 100% das crianças nos seus primeiros anos possui. A criança vive o seu dia a dia em um maravilhoso estado de pureza e interesse por tudo que a cerca. Sente e experimenta êxtase nas coisas mais corriqueiras, cotidianas, consegue enxergar um carro numa pedra, um volante numa tampa de panela, um microfone numa cenoura. Essa capacidade de deslumbramento com tudo o que a vida traz é uma das capacidades mais valiosas que um ser humano pode ter. Essa capacidade irá ajudá-lo enormemente em todos os seus processos de vida, lhe trará criatividade, espontaneidade e adaptabilidade na medida em que for capaz de manter acesa essa chama, esse entusiasmo que é tão comum na criança, mas que infelizmente é tão difícil de encontrar em alguém que já esteja envolto em assuntos mais complexos, como trabalho, família, relacionamentos afetivos, e por aí vai. Essa é

DO CAOS À AUTOCONFIANÇA

sem dúvida uma das características mais valiosas que um ser humano pode ter. E é uma pena que costume durar tão pouco tempo, mas é uma maravilha o fato de sabermos que é possível resgatá-la. Imagine alguém que consiga manter o entusiasmo e o brilho nos olhos do primeiro dia de trabalho, durante todos os anos de atuação profissional. Certamente essa pessoa teria mais facilidade para ascender profissionalmente do que aquelas que deixam a sua luz apagar.

CORAGEM, OUSADIA, são características não menos importantes para conseguirmos extrair o melhor de nós mesmos, não apenas na vida profissional, mas também nos nossos relacionamentos, projetos pessoais e tudo que nos cerca. Afinal de contas, para que o próximo passo seja dado em qualquer área de nossa vida, uma dose de coragem e ousadia nos será exigida. E como é fácil presenciar esses aspectos nas crianças! É muito comum, no nosso imaginário infantil, nos colocarmos como um super-herói. Nos identificamos facilmente com esses personagens porque no íntimo identificamos aqueles poderes que eles apresentam como algo existente em nós mesmos, e por isso nos conectamos tanto com eles. Eu mesmo, quando criança, me identificava muito com o BATMAN, o famoso homem-morcego que estava sempre à disposição dos habitantes de Gotham City para salvá-los de tudo o que fosse necessário, para afastar todo e qualquer perigo. Lembro que, nessa época, eu não achava que eu era o Batman, eu tinha a absoluta certeza de que eu era ele. Fiz minha mãe costurar

 CAPÍTULO 3

aquele famoso símbolo do super-herói em um pano preto, minha capa com super poderes que eu não tirava nem para dormir. Com ela eu me sentia invencível, corajoso, impetuoso. Lembro também que todos os meus amigos de infância também incorporavam um herói da época. Um era o HOMEM-ARANHA, outro o SUPERMAN, tinha uma amiguinha que era a MULHER MARAVILHA e assim por diante. Qual era o seu? E onde foi parar essa sensação de poder, de ousadia, essa impetuosidade dos tempos de criança? Por onde anda a sua capa com super poderes?

FÉ ABSOLUTA, essa era outra característica que costumava nos marcar na primeira década de nossa vida. Quando crianças, confiávamos cegamente em nosso poder, nossa força e, acima de tudo, num Poder Superior, Maior, que na época geralmente era representado pelos nossos pais ou era convertido para alguma figura do nosso convívio: um tio, tia, avós, professor/professora ou irmão/irmã mais velha. Se um de nós estivesse no alto da sacada de uma casa de dois andares, no piso superior, e nosso pai (ou essa figura que representava esse Poder Maior) estivesse lá embaixo e nos dissesse: "vamos, se joga, papai está aqui e vai te segurar", nós nos jogávamos sem medo. Isso pois sabíamos, tínhamos a certeza de que esse algo maior estaria nos amparando sempre. Essa fé absoluta nos trazia segurança, um sentimento de estarmos protegidos e amparados, uma sensação de que podíamos dar passos firmes e seguros pela vida, que jamais estaríamos sozinhos, sensações que comumente se perdem quando saímos desse modo

DO CAOS À AUTOCONFIANÇA

criança de ser. E esse é o motivo pelo qual o grande Mestre Jesus sempre advertiu: "Vinde a Mim as criancinhas, pois delas é o reino dos Céus". Com essa passagem, o Mestre não se referia apenas às pessoas com pouca idade, e sim a todos aqueles que conseguem manter essa fé absoluta nesse Poder Maior.

INTENSIDADE, uma das características que mais marca o ser humano nessa fase da vida. A criança é intensa, inteira, se entrega de corpo e alma para a brincadeira que está acontecendo ali, para o que está a sua frente. Eu me recordo que estudava no período da manhã, chegava em casa após a aula, almoçava e meus pais ordenavam que eu descansasse um pouco do almoço e em seguida fizesse as tarefas da escola. Só depois disso, poderia sair pra brincar. Nos fundos da minha casa havia um campinho de futebol que meu pai havia construído para mim, e era para lá que todos íamos, os garotos da vizinhança. Brincávamos a tarde inteira, às vezes até às oito da noite quando era horário de verão, e eu chegava em casa exausto, completamente coberto de poeira, barro, misturado com suor, às vezes com joelhos ralados e com sangue, e ia tomar banho, muitas vezes tão cansado que cochilava embaixo do chuveiro. E não era apenas comigo que acontecia isso, era algo próprio do modo criança de ser, porque quando eu estava lá no campinho, me dedicava 100% ao momento. Essa intensidade da criança, que não economiza vida, mas a vive de modo pleno e intenso, como uma lâmpada que brilha intensamente até o seu último momento para então se apagar, também é uma característica pouco observada na fase adulta. Poucas pessoas conseguem manter

CAPÍTULO 3

essa integridade e se dedicar com atenção e total entrega ao que estão fazendo. Por isso é muito mais fácil e comum encontrar mediocridade nos processos de trabalho, nas empresas, nas carreiras, nos relacionamentos, do que alta performance, brilhantismo. Porque para que a alta performance em qualquer área da vida seja manifestada, são necessários vários ingredientes. Discorreremos mais sobre isso ao longo deste livro, e um desses ingredientes fundamentais é sem dúvida a intensidade, a capacidade de entrega total ao que estamos realizando. É comum encontrar profissionais dizendo: "Quando eu estiver no cargo tal, ou na empresa dos meus sonhos, vou me dedicar totalmente e dar o meu melhor". Na verdade, não existe postura mais equivocada do que essa, porque se você não der o seu melhor AGORA, naquilo que está à sua frente HOJE, é bem provável que esse cargo nunca seja seu ou que a empresa dos sonhos nunca te contrate. No entanto, se a intensidade da criança for aplicada no trabalho atual, não apenas no trabalho, mas também na vida pessoal, no relacionamento, nas relações sociais, na família e em todo e qualquer projeto em que você estiver envolvido, esteja certo de que pode até demorar um pouco mais do que você gostaria, mas o melhor vai sempre se apresentar para você. Com que nível de intensidade e entrega você se dedica às suas variadas questões de vida? Faça essa pergunta a si mesmo(a), procure respondê-la sem máscaras, e, se perceber que pode ir além, minha sugestão é que vá! Poderá ser desafiador, mas certamente será muito compensador.

VERDADE, não poderia deixar de citar essa característica fundamental da criança, tão facilmente perdida na fase adulta. A

DO CAOS À AUTOCONFIANÇA

criança é verdadeira, rindo somente se achou graça. A criança não beija ou abraça quem não gosta, chora se está com raiva, não finge que gostou do doce que lhe foi oferecido caso não tenha gostado. Ela age com verdade, e, a partir desse ponto, ela se mantém fiel a si mesma. Enquanto consegue se manter assim, ela se mantém muito próxima de si, do seu eixo central, do seu poder, da sua força. O grande problema é que praticamente todos nós, em algum momento, vamos aprender com as situações de vida que mentir é a maneira mais adequada para podermos ser vistos, aceitos, respeitados, amados, ou para atingir nossos objetivos. Por exemplo: uma visita inesperada chega na casa de uma família, a dona da casa recebe a visita à porta e diz para a filhinha de 4 anos, que brinca a poucos metros: "Filha, vem aqui dar um beijo na tia". Se a criança de imediato não gostar da "tia", ela vai fechar a cara e balançar negativamente a cabeça, indicando que não quer ir dar um beijo nela. A mãe, desconcertada com a reação da filha, se abaixa e fala no seu ouvido de forma um pouco mais áspera: "Vai lá dar um beijo na tia, senão você não vai brincar depois!" Nesse caso a menina, que faz de tudo para poder brincar, vai lá e atende a imposição da mãe. Nesse momento, uma mensagem poderosíssima foi enviada à criança. Essa mensagem é: "Para você obter o que você quer, você não pode ser você mesma, não pode ser natural, espontânea. Você tem que mentir". Mentira não é um atributo natural de nenhum ser humano, nós mentimos porque somos ensinados e encorajados a fazê-lo. O ser humano no seu estado natural, o estado de

CAPÍTULO 3

criança, é genuíno, é verdadeiro, sempre. Ele só deixa de ser por conta dessa descaracterização, desse distanciamento da essência que estamos aqui apontando.

Poderia citar ainda muitas outras características e potencialidades da criança que vão se perdendo ao longo do tempo, mas acredito que as já apontadas nos permitem perceber o quanto de naturalidade e potencial verdadeiros vamos perdendo ao longo desse caminho de afastamento, o quanto vamos sendo acometidos à medida que vamos nos afastando dessa essência que somos por uma das doenças mais devastadoras do espírito humano na minha opinião, que dei o nome de ADULTICE! Como relatei nos primeiros parágrafos desse capítulo, eu também fui acometido por essa doença. Eu me afastei absurdamente de mim mesmo, do meu centro, e, quando percebi isso, iniciei conscientemente a caminhada ao reencontro comigo mesmo. Essa caminhada costuma ser bem desafiadora. Foi para mim, e ainda é. Dependendo do período que estamos atravessando nessa trilha de volta, há trechos mais amenos que se mesclam com trechos extremamente desafiadores. Porém a cada passo dado, a cada metro avançado e, consequentemente, mais perto do nosso centro, mais a sensação de encaixe, poder, clareza mental, força vital, fluxo de trabalho, abundância financeira e relacionamentos mais harmoniosos começam a ocupar espaço e compor o cenário que tempos antes se apresentavam de forma muito menos atraente. Assim é a caminhada para a grande maioria das pessoas. Apenas mudam os personagens, os contextos, os desafios, mas de uma forma geral todos que empreendem conscientemente esse caminho de volta se deparam com essa situação.

DO CAOS À AUTOCONFIANÇA

Se você é uma pessoa que já está empreendendo conscientemente essa caminhada de reencontro consigo mesmo(a), deve estar se identificando com o que está sendo narrado.

O primeiro passo para provocarmos essa reaproximação conosco mesmos é fazendo uma sincera autoanálise para podermos sentir e perceber o quão afastados estamos desse eixo central, dessa essência, e analisarmos o quanto dessas características da criança nós conseguimos preservar na nossa vida adulta. A partir dessa autoanálise sincera, identificamos o ponto em que nos encontramos, quanto que isso nos trouxe de resultados práticos na nossa vida, e aí poderemos decidir conscientemente em iniciar o caminho de retorno (ou continuá-lo, caso você já esteja o trilhando), resgatando as marcas do nosso TEMPERAMENTO, que, segundo o grande psicólogo e espiritualista Luiz Gasparetto, é algo que nasce com a pessoa, é aquilo que a caracteriza como indivíduo, que a diferencia das demais, diferentemente da personalidade, que vai sendo adequada conforme os contextos de vida vão mudando. Ainda de acordo com os ensinamentos desse grande mestre, à medida que o nosso TEMPERAMENTO vai sendo enfraquecido, vamos abrindo mão de nossas forças e nossos valores, nos desconectando e nos tornando mais vulneráveis, até nos encontrarmos em estados de total descaracterização. O grande trabalho então, quando conseguimos finalmente perceber que esse processo, essa ADULTICE, esse enfraquecimento do nosso TEMPERAMENTO ocorreu, é começar a resgatá-lo, caminhando conscientemente ao encontro de nossas características e potenciais mais marcantes.

CAPÍTULO 3

Pare e se perceba, sem julgamentos, já que eles não costumam ajudar em nada. Apenas observe como você funciona perante as circunstâncias da vida, em que grau você consegue exercer ou manifestar sua pureza, sua coragem, ousadia, fé, intensidade, verdade, assim como qualquer outro atributo que você possa elencar como algo próprio do ser genuíno e maravilhoso que você é! E se por acaso você perceber que não age mais de acordo com esses valores tão essenciais, te encorajo a voltar a acessá-los, a colocá-los em prática no seu dia a dia, resgatando essas características, voltando a agir mais e mais de acordo com a sua essência, se permitindo ser quem você é, com seus potenciais e pontos a serem melhorados. Provavelmente isso te dará um pouco mais de trabalho, pois é confortável seguir o fluxo e simplesmente acompanhar a multidão, enquanto iniciar uma caminhada no sentido oposto a isso irá gerar trabalho, vai exigir posicionamento e esforço. Porém posso lhe garantir que, à medida que os desafios vão sendo vencidos e à medida que se for avançando nessa trilha, se reaproximando da sua origem, você se sentirá mais e mais confortável e vivo, sem ter que carregar mais o peso horrível que é o de ter que atender às demandas de todos à sua volta. Esse sentimento de liberdade e de estar vivendo a sua verdade te dará leveza, clareza, força, autoafirmação, poder, vitalidade e várias outras maravilhas que serão resgatadas a partir disso. O Novo Humano, esse ser que habitará a Nova Terra que já se evidencia, irá retomar essas características da criança que se perderam ao longo do tempo. Precisamos nos lixar e nos livrar do verniz de adulto com o qual nos pintamos para que a nossa cor original se apresente e se manifeste. As inteligências precisam ser estimuladas, em especial a inteligência emocional e a inteligência espiritual, para que este caminho de retorno a si mesmo possa acontecer.

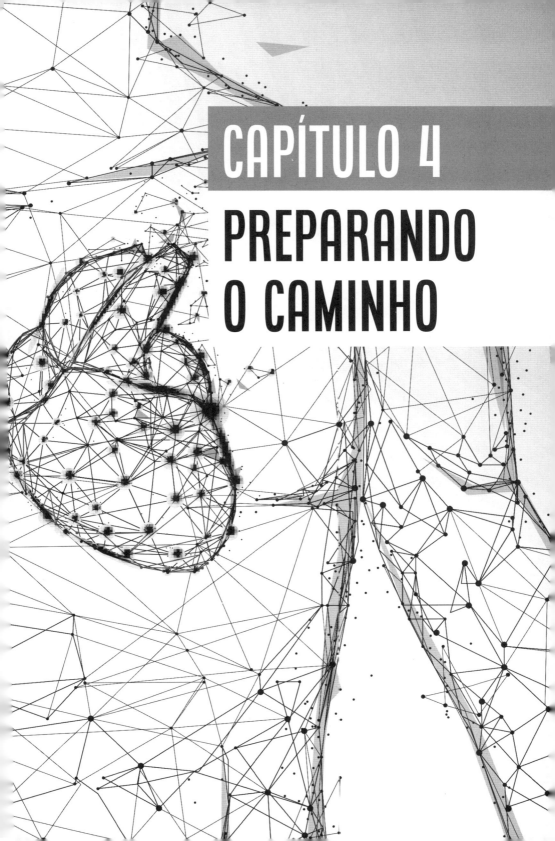

CAPÍTULO 4
PREPARANDO O CAMINHO

CAPÍTULO 4
PREPARANDO O CAMINHO

Se conseguirmos ampliar nossa visão em relação à vida, uma das características das pessoas com a inteligência espiritual desenvolvida, e estendermos o nosso olhar para além do que estamos acostumados a enxergar, começaremos a perceber coisas interessantíssimas a respeito de nossa caminhada aqui no planeta, desde o nosso nascimento até o momento atual. Esse olhar ampliado poderá nos revelar verdades sobre nós mesmos que havíamos esquecido ou que até mesmo ignorávamos. O grande problema é que esse mundo moderno e ferozmente veloz, essa loucura que se tornou o dia a dia da grande maioria da humanidade, nos trouxe a tendência a olhar para um cenário muito diminuto no que diz respeito à nossa existência. Tendemos a olhar para nossa existência de forma fragmentada, dando atenção aos milhões de fragmentos e acontecimentos que se apresentam no dia a dia, tendo uma grande dificuldade de enxergar conexão entre eles. Temos dificuldade de visualizar uma linha

CAPÍTULO 4

contínua, a grande teia que é tecida por pequenos filamentos que se complementam. Afinal de contas, tem sempre algo novo se apresentando - e nossa atenção se volta para esse algo: uma nova tecnologia, uma nova notícia, um novo problema a ser resolvido. Dessa forma, atribuímos a fatos isolados os nossos resultados em todas as áreas da vida, desde o desempenho profissional aos relacionamentos afetivos, como se uma decisão, um caminho tomado, uma escolha feita em algum momento não interferissem em outras áreas ou em tempos futuros. A vida assim vai se tornando aparentemente um imenso quebra-cabeças com milhões de peças que não se encaixam umas nas outras. O sentimento que advém desse cenário certamente será de desconexão, confusão mental, e a sensação de que se está dirigindo um carro desgovernado, indo para qualquer direção sem ter ideia do destino que ele irá tomar.

Se perguntarmos para 100 pessoas se elas sabem ao menos o sentido em que estão direcionando suas vidas, acredito que boa parte delas se mostrará inconsciente com relação aos seus caminhos e seus rumos, não tendo uma ideia clara do trajeto que fizeram até chegar ao ponto atual. Tampouco estão conscientes do caminho que pretendem seguir e aonde querem chegar: simplesmente vão se ocupando das novidades e demandas que se apresentam de forma cada vez mais acelerada, colocando toda a atenção nesses micro acontecimentos do dia a dia, nas distrações, nas redes sociais, e não param para vislumbrar um cenário mais amplo, traçar uma linha do tempo que provavelmente irá mostrar um grande trajeto já percorrido. Esse trajeto na maioria das vezes é esquecido ou ignorado, nos trazendo a falsa sensação de que estamos estagnados porque simplesmente não temos o

PREPARANDO O CAMINHO

hábito de olhar pra tudo o que já fizemos, o quanto crescemos e evoluímos em diversas áreas da vida.

Uma maratona, que tem um trecho com a extensão de 42.195 metros, é cumprida depois de aproximadamente 50.000 passos dados, segundo as estatísticas. Isso nos dá uma boa amostra e traz uma excelente analogia para aplicarmos em qualquer área. Não é possível realizar grandes obras, grandes feitos, ou realizarmos um trabalho ou projeto de vida de verdadeira relevância sem termos percorrido um longo caminho até chegar a ele. Não conheço ninguém que tenha realizado um trabalho de grande importância, algo que tenha trazido verdadeira satisfação pessoal e contribuição para o mundo, que tenha realizado isso da noite para o dia. É claro que não estou falando aqui de fama, de virar celebridade, porque hoje em dia as pessoas podem virar celebridade fazendo qualquer coisa rasa e sem profundidade, sem necessariamente trazer algo que ofereça uma contribuição verdadeira. Geralmente essas celebridades costumam desaparecer do cenário numa velocidade tão estonteante quanto surgiram, mais um reflexo do mundo líquido em que vivemos. Estou me referindo aqui a uma obra verdadeiramente estruturada, edificante, que engrandeça a si mesmo, as pessoas em volta, e por consequência, o mundo que nos cerca. Acredito firmemente que todos possamos realizar grandes obras, edificantes e de verdadeira relevância para o mundo. Podemos alcançar altos níveis de satisfação nas esferas pessoal e profissional e ter alto rendimento naquilo que decidimos fazer. Mas, para que isso aconteça, precisamos nos atentar para uma palavra fundamental: PLANEJAMENTO!

CAPÍTULO 4

Fazendo uma rápida consulta ao dicionário, vamos verificar o significado da palavra "planejamento": "Ato ou efeito de planejar, criar um plano para otimizar o alcance de um determinado objetivo". Se pararmos para analisar essa breve definição, podemos destacar nela algumas questões óbvias, porém imprescindíveis para que esse objetivo seja alcançado. Em primeiro lugar, a base de qualquer caminhada rumo a um destino, um objetivo, seja ele qual for, é sabermos que destino é esse, que lugar ou objetivo pretendemos alcançar. Esse fato coloca diante de nós a primeira - e, provavelmente, mais importante - pergunta a ser respondida quando estamos para iniciar qualquer planejamento. Essa pergunta é: ONDE pretendo chegar? O QUE exatamente eu quero alcançar? Que ponto é esse que pretendo atingir? Se eu fizer a você essa pergunta me referindo às várias áreas de sua vida, você tem essa resposta clara? Sem ela, é praticamente impossível traçarmos um plano de ação efetivo e competente que nos permita caminhar a passos largos rumo à realização de nosso objetivo ou alcançar o sucesso almejado em qualquer área. Caso não tenhamos essa resposta clara, de ONDE queremos chegar ou O QUE pretendemos realizar, ficaremos sempre à mercê do acaso, da sorte, e da junção favorável de fatos inesperados que contribuam para o nosso sucesso.

O GPS, essa tecnologia que tanto nos auxilia hoje em dia para chegarmos mais rapidamente ao nosso destino sem dar tantas voltas, só pode realizar com eficácia seu trabalho porque determinamos com clareza o endereço a ser alcançado. E quanto mais específicos formos ao detalhar esse alvo a ser atingido, melhor ele poderá executar a sua tarefa, não é mesmo? Se eu sair de São Paulo para visitar um amigo no Rio de Janeiro

PREPARANDO O CAMINHO

e colocar apenas Rio de Janeiro no GPS, ele irá me fazer chegar até essa cidade, mas não me levará até o endereço pretendido. Se eu acrescentar o bairro, ele poderá me levar um pouco mais perto de onde eu realmente desejo ir. Porém se eu especificar o nome da rua e seu número, a possibilidade de eu atingir em menos tempo e com menos desgaste o lugar pretendido é de praticamente 100%. Ainda utilizando essa analogia, nossos objetivos de vida não diferem muito desse endereço a ser encontrado, e a nossa estratégia ou planejamento corresponde ao caminho traçado pelo GPS, que encontra o melhor trajeto e a melhor maneira de atingirmos o objetivo almejado com base no endereço correto e detalhado. Ou seja: com base na resposta à pergunta essencial, ONDE você quer chegar? E quanto mais essa resposta for detalhada, maior será a sua chance de materializá-la. Se você não faz ideia de qual seja este lugar ou ponto que você quer alcançar, se essa resposta não lhe vem de maneira clara objetiva e detalhada, sugiro que considere ainda mais seriamente a ferramenta proposta no capítulo 1: o silêncio. As distrações e o mundo acelerado tendem a turvar a nossa mente e nos distanciar da clareza que necessitamos para descobrir o nosso propósito, sonho, ou simplesmente nosso objetivo ou projeto, para não cair no risco de romantizar demais.

Uma vez que você saiba ONDE quer chegar, que já tenha essa resposta essencial, você já está apto a iniciar uma caminhada consciente e eficaz na direção desse algo. Isso te levará à segunda pergunta mais importante para o seu grande plano. Essa pergunta é... COMO? É aí que se inicia a construção da estratégia, do planejamento, do caminho para atingir esse destino, objetivo ou ponto a ser alcançado, que já está claramente definido.

CAPÍTULO 4

Um dia assisti a uma palestra com o grande empresário Abílio Diniz, dono do Carrefour, ex-sócio do grupo Pão de Açúcar e hoje o principal sócio das Casas Bahia. Dentre tantas coisas muito legais que pude absorver nessa ocasião, uma delas foi a seguinte: "eu comecei a fazer 80 anos aos 29", disse ele! Ele tinha um objetivo claro no aspecto de saúde física, que era chegar à idade mais avançada cheio de vitalidade, produtividade e autoestima elevada. Nessa área da vida ele tinha um O QUE muito bem claro e definido, e, sabendo um pouco da história desse grande homem, podemos verificar que essa clareza de objetivos sempre foi uma marca de sua personalidade que o fez triunfar na vida pessoal e profissional. É claro que a partir do momento em que ele determinou o seu objetivo ele precisou definir um plano de ação, uma estratégia, e precisou adotar posturas que o levassem a obter êxito nesse projeto, como atividade física, leitura, alimentação adequada, equilíbrio entre trabalho, lazer e família, controle do estresse e uma série de outras dinâmicas que aumentassem suas perspectivas de sucesso frente ao objetivo almejado. Além de escolher e adotar uma série de comportamentos, Abílio Diniz também precisou abrir mão de muitas coisas para que se saísse vitorioso nesse projeto de vida que aos 29 anos havia desenhado. E assim o fez!

Seja qual for o projeto, ideia, ou objetivo que você definiu atingir ou realizar, saiba que, para que se obtenha êxito, será necessário passar por essas etapas: a definição do ONDE ou O QUE, seguida da caminhada ou estratégia rumo a esse ponto, ou seja: o COMO! Durante esse trajeto, serão necessárias algumas posturas e capacidades. Sem elas dificilmente o êxito

PREPARANDO O CAMINHO

será obtido. Irei listar algumas das posturas que você não deve negligenciar se realmente está comprometido a vencer o desafio que colocou diante de si, se quer realmente chegar no topo dessa montanha que escolheu escalar. Essas posturas costumam acompanhar o Novo Humano ou aqueles que estão em pleno desenvolvimento consciente para funcionar a partir desse novo paradigma.

FIRME DECISÃO. Acredito ser essa a mola propulsora de qualquer empreendimento ou ideia. Tudo parte de uma decisão firme e inabalável; sem ela, dificilmente conseguiremos superar os obstáculos que certamente se colocarão diante de nós no trajeto. Se a decisão não for firme o suficiente, nas primeiras adversidades já começamos a procurar rotas de fuga, a buscar outras alternativas, a nos convencer de que no fundo não queríamos tanto aquilo mesmo. A possibilidade de nós mesmos sabotarmos o nosso projeto é gigantesca. A firme decisão de ir até o fim na execução de um projeto de vida corresponde a queimar a ponte que acabou de se atravessar, acabando com qualquer possibilidade de retorno:

> "Após tomar a decisão de realizar alguma coisa, é necessário seguir sempre em frente, com a firme convicção de que vencerá infalivelmente. Ninguém poderá exteriorizar plenamente a sua força, se, ao iniciar um empreendimento, deixar preparado um caminho para retroceder quando se deparar com algum obstáculo."
>
> - Masaharu Taniguchi, A verdade da vida, volume 7.

CAPÍTULO 4

ACEITAR DESAFIOS. Essa é uma postura que todos aqueles que estão verdadeiramente comprometidos em obter êxito em seus empreendimentos precisam possuir, e é uma das características das pessoas espiritualmente inteligentes. É extremamente fantasiosa a ideia de que alcançaremos o sucesso almejado, ou que chegaremos ao cume dessa montanha que decidimos escalar, sem termos que lidar com vários obstáculos e desafios que são inerentes à escalada. Se esse objetivo for criar uma empresa saudável, lucrativa, gerar riqueza, empregos e todos os benefícios que uma empresa pode proporcionar, teremos que lidar com variáveis econômicas: concorrência, desafios com fornecedores, funcionários, clientes, e uma série de outras coisas. Se nosso objetivo for a formação em algum curso universitário, teremos que enfrentar aulas tediosas, a vontade de desistir várias vezes no meio do caminho, cansaço por termos trabalho, família e outros compromissos simultaneamente, falta de dinheiro e outros. Se formos um atleta querendo atingir índice para os jogos olímpicos, vamos precisar enfrentar extenuantes e longos treinamentos, alimentação regrada, precisamos nos privar de bebidas e festas que os amigos frequentam, etc.

Não importa qual seja o seu ONDE, uma vez que o tenha definido, você precisará de um COMO chegar lá! Essa será a sua estratégia, o seu caminho, e para percorrê-lo você precisará tomar a firme decisão de ir até o fim e aceitar todos os desafios que se colocarem adiante. Eu

PREPARANDO O CAMINHO

mesmo já tive várias experiências em minha vida que seguiram essa dinâmica. Sempre gostei de colocar metas a serem alcançadas em praticamente todas as áreas da minha vida. Nem sempre tive a clareza de que elas só seriam alcançadas porque eu cumpria as etapas que aqui estou expondo; nem sempre o processo foi consciente, é claro, mas hoje tenho a nítida visão de que foram essas posturas que me proporcionaram êxito nos empreendimentos e projetos. Também percebo com clareza outros projetos em que não empreguei a mesma dinâmica ou não mantive o nível de comprometimento requerido e acabei desistindo no meio do caminho e não tendo o sucesso que almejava no início. Continuarei relatando algumas posturas que não podem ser esquecidas para uma caminhada vitoriosa rumo aos nossos objetivos, mas antes quero ressaltar aqui o componente alquímico do que estamos tratando. Transformar uma ideia, um projeto, dar forma a partir "do nada" a alguma coisa, é um fenômeno chamado "precipitação" nos meios alquimistas. A cada vez que você se põe diante de um projeto, do mais simples ao mais complexo, seja apenas a preparação de um jantar para amigos ou para si mesmo, onde ingredientes serão modificados, transformados e embelezados, tornando-se uma deliciosa, atraente e nutritiva refeição, ou a montagem de uma empresa, os elementos da alquimia estarão presentes, e quanto mais consciente você estiver com relação a isso, mais eficaz será a sua capacidade de precipitar, transformar ou alquimizar, termo que para o nosso objetivo aqui significa materializar o nosso sonho ou projeto de vida. Todos nós somos ALQUIMISTAS em potencial. A diferença é que uns conseguem precipitar, ou alquimizar, mais do que outros, por levarem mais a sério os preceitos que serão aqui expostos.

CAPÍTULO 4

VISUALIZAÇÃO CLARA: essa é uma das ferramentas mais poderosas para tornarmos real, materializarmos, nossas ideias e projetos. A capacidade de visualizar com clareza o objetivo alcançado, com detalhes e colocando cores, emoção, vida, personagens e o máximo de componentes possíveis para que essa visualização seja sentida e experienciada antes mesmo do resultado final é uma ferramenta que não podemos jamais negligenciar para a realização dos nossos sonhos. Como já relatei no início deste livro, quando eu era bem mais jovem, eu me via sempre dando palestras para centenas, milhares de pessoas, e me enxergava sentado em uma mesa autografando livros enquanto uma fila enorme de admiradores esperava pacientemente a sua vez para que eu pudesse autografar seu exemplar e tirar uma foto. Na época, eu fazia isso sem ter a menor noção de que se tratava de uma poderosa ferramenta de precipitação do meu sonho. Eu apenas o fazia porque sentia uma satisfação imensa em me colocar naquele cenário, e essa é a chave principal: não é apenas enxergar, é SENTIR como se aquilo estivesse acontecendo de fato. Eu lembro que fechava os olhos, geralmente antes de dormir, e ficava ali por alguns minutos, até adormecer, me deliciando com aquele cenário. Eu "ouvia" os aplausos das pessoas, "sentia" o abraço delas, "conversava" com muitas, "percebia" a luz, o som, a plateia, e tudo se tornava vivo e real dentro de mim. Hoje não tenho dúvidas de que essa foi a semente - e talvez a ferramenta mais poderosa utilizada para que eu realizasse o meu grande sonho de ser um palestrante e escritor. Visualize com clareza o que você quer, dedique tempo e energia a esse processo. A capacidade de precipitação humana, o

PREPARANDO O CAMINHO

que boa parte da ciência metafísica chama de co-criação, já é objeto de estudos por parte de um número cada vez mais numeroso de cientistas e metafísicos. Ainda estamos distantes de entender de fato esse mecanismo, porém o mundo já possui provas irrefutáveis da eficácia desse procedimento quando feito de forma comprometida e frequente. Com relação a essa ferramenta, sugiro o estudo de Neville Goddard, metafísico nascido em Barbados no início do século passado, que deixou uma enorme contribuição no que diz respeito à ciência da precipitação.

FLEXIBILIDADE, ou capacidade de redirecionar o trajeto ou plano traçado. Vamos aqui novamente ressaltar a realidade do mundo líquido em que vivemos, as verdades mudam conforme mudam os ventos, os sistemas oscilam com uma frequência assustadora. Economia, política, tecnologia, absolutamente não podemos garantir que o modo como as coisas funcionam hoje servirão daqui a uma semana, muito menos no próximo mês ou ano. Isso nos traz a necessidade de sermos muito flexíveis quanto à estratégia que estamos utilizando para atingir o nosso objetivo, muitas pessoas não conseguem alcançar o êxito almejado por se apegarem demasiadamente aos seus planos, se apaixonam cegamente por eles e por cada detalhe do planejamento a ponto de não perceberem em algum momento que ele precisa ser adaptado a uma nova realidade. Já vi muitos profissionais brilhantes se perderem no caminho e não atingirem seus alvos por não terem tido flexibilidade suficiente para mudar seus rumos. Transformaram a obstinação em teimosia, e sabotaram seus projetos. Fique atento a

CAPÍTULO 4

essa armadilha, esteja aberto para uma possível mudança de planos, readaptação, ouça pessoas experientes no assunto, converse com sua equipe, família, filhos, amigos ou quem quer que esteja relacionado ao projeto em questão, escute seus pontos de vista, pondere! Muitas vezes soluções a "becos sem saída" vêm das fontes mais inesperadas – e só iremos perceber se estivermos suficientemente abertos para ouvi-las.

REAVALIAÇÃO FREQUENTE para que possamos perceber que o plano inicial necessita de certa adaptação. Aplicando a virtude da flexibilidade, precisamos provocar algumas pausas conscientes para reavaliar o caminho traçado e identificar quais ações do plano estão contribuindo para o seu andamento e fluxo, bem como as que não estão sendo muito favoráveis e que poderiam ser alteradas ou substituídas. Crie pausas frequentes durante a sua caminhada, chame as pessoas envolvidas no projeto, equipe, família, cônjuge ou quem quer que faça parte dele para que juntos reavaliem se estão fluindo conforme o programa inicial ou se ajustes se fazem necessários, isso é de vital importância para o resultado final. O GPS, voltando à analogia do início do capítulo, reavalia constantemente o trajeto inicialmente sugerido. Se o aplicativo perceber que existe outra rota mais interessante, que irá nos economizar tempo, ele irá sugerir uma alteração. Da mesma forma, podemos agir em nossos projetos se tivermos o hábito de avaliá-los com frequência.

PREPARANDO O CAMINHO

HUMILDADE. Acho difícil que uma pessoa que não tenha essa virtude bem desenvolvida consiga aplicar no seu plano as duas posturas anteriormente sugeridas: a flexibilidade e a reavaliação frequente. Admitir que o seu plano original não era tão infalível e perfeito como ela imaginava ser, bem como acatar a sugestão de uma outra pessoa que possa apresentar uma estratégia mais inteligente, adequada ou eficaz, é extremamente desafiador para quem não desenvolveu a virtude da humildade. Faça uma autoanálise sincera e procure identificar se essa é uma virtude que você já tem desenvolvido e que aplica com frequência na sua vida. Caso você perceba que perde muitas oportunidades ou que dificulta seus processos por não ter a humildade suficiente para ouvir bons conselhos ou abrir mão e mudar o caminho que você preestabeleceu, eu te estimulo a trabalhar essa questão conscientemente, provocando a aplicação da humildade em pequenas questões do dia a dia para posteriormente conseguir aplicá-la nas coisas mais complexas. As primeiras vezes que você fizer isso serão bem desafiadoras, mas com o passar do tempo e com o hábito de ceder você irá perceber que não é apenas um modo mais inteligente de fazer as coisas, como também uma forma extremamente agradável de seguir a vida.

ACREDITAR é um componente básico para a realização de qualquer projeto. Permitam-me aqui ir um pouco além do aspecto de acreditar em si mesmo e na sua ideia, que obviamente são fatores fundamentais, e acrescentar a ideia da crença em um

CAPÍTULO 4

Poder Superior, a quem você pode dar o nome de Deus, Universo, Cosmos, Energia Criativa ou qualquer outro. O nome realmente não importa, e sim o fato de conseguirmos acreditar que há uma Regência Maior em tudo o que acontece por aqui e que essa Regência estará nos beneficiando, desde que o nosso projeto não tenha fins destrutivos ou egoísticos. Acredito ser esse um fator preponderante para o êxito final. Gosto sempre de desatrelar este Ser Maior de qualquer corrente dogmática; não falo aqui de religião, mas sim da Presença Divina que rege o Todo e que nos preenche. É claro que essa é uma questão muito pessoal. Estamos falando de fé, e não tenho a pretensão de impor uma verdade absoluta em nenhum ponto abordado neste livro, muito menos em se tratando de uma questão tão polêmica e controversa como esta. Apenas deixo aqui um estímulo para que aqueles que acreditam nesse Poder Maior. Não O deixem de fora dos seus projetos. Para aqueles que não acreditam, sugiro que repensem, pois esse Poder Maior é o melhor aliado que um ser humano pode ter.

Poderíamos continuar discorrendo sobre estratégias e planejamento, trazendo exemplos de sucesso obtidos por grandes personagens e pessoas comuns que nos rodeiam no dia a dia, mas acredito que aqui já foi explanado o suficiente para termos uma linha mestra que poderá servir como instrumento e base para a montagem de um plano de ação efetivo e vitorioso. Você provavelmente percebeu que, para que essas boas e eficazes estratégias possam ser criadas, seguidas e devi-

PREPARANDO O CAMINHO

damente adaptadas, torna-se indispensável a presença das três inteligências nas diferentes etapas do caminho. E quanto a você? Chegou a hora de otimizar os seus resultados em todas as áreas da vida, não é mesmo? Que tal então começar a olhar para as áreas da sua vida, pessoal, profissional, financeira ou qualquer outra, e começar a definir metas e caminhos inteligentes para alcançá-las? Acredite, você pode e merece ter todo o sucesso, alegria e bem-estar que puder produzir. Esse é um direito legítimo de todo o ser humano. Quando você consegue manifestar essas maravilhas em sua vida, você começa a se tornar uma grande dádiva ao mundo que o cerca, passando a dar o exemplo e a permissão para que as outras pessoas façam o mesmo. Essa onda cresce e se potencializa, um ponto de sucesso contagia e dá origem a outros pontos de sucesso, permita-se!

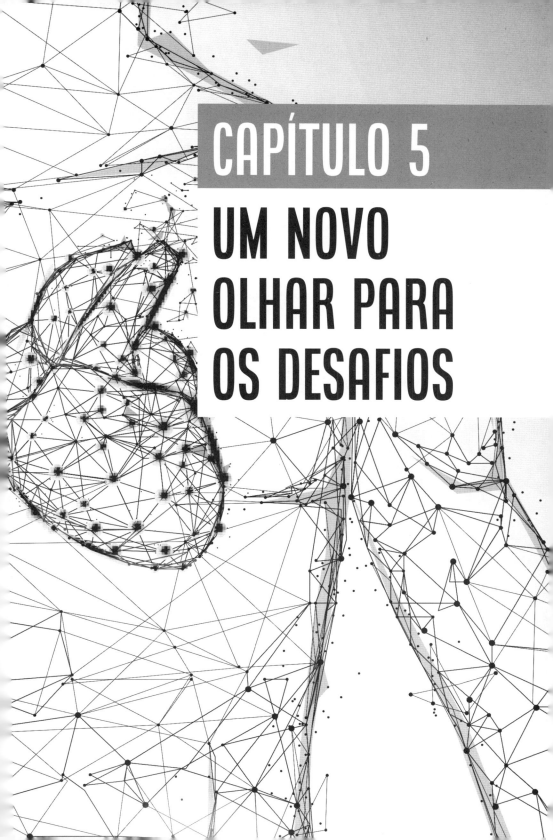

CAPÍTULO 5
UM NOVO OLHAR PARA OS DESAFIOS

CAPÍTULO 5

UM NOVO OLHAR PARA OS DESAFIOS

Inicio este capítulo com uma frase do filósofo Epiteto: "O que importa não é o que acontece, mas como você reage". E é realmente incrível observar a diferença gigantesca de reações entre pessoas diferentes frente a um mesmo acontecimento. Hoje estou convencido de que no pensamento deste grande filósofo, que viveu entre os séculos I e II da era cristã, encerra-se uma grande verdade. Stephen Covey, o autor do *best seller* Os 7 hábitos das pessoas altamente eficazes, escreveu praticamente dois milênios depois dessa pérola de Epiteto, a seguinte frase, de equivalente teor: "Eu não sou um produto das minhas circunstâncias, eu sou um produto das minhas decisões". Eu poderia citar várias outras referências mundiais em diversas áreas que em algum momento compartilharam pensamentos dessa natureza, enfatizando a importância da atitude perante os desafios da caminhada, e não os desafios em si, o que ressalta a importância do desenvolvimento da nossa inteligência emocional, mas

 CAPÍTULO 5

acredito que essas duas fontes já sejam suficientes para nos servir de inspiração e base para discorrer sobre o tema.

Eu mesmo posso listar, sem precisar forçar muito a memória, diversos acontecimentos em minha trajetória de vida que foram atenuados ou potencializados pela maneira como os encarei ou escolhi lidar com eles. Lembro de um relacionamento, por exemplo, que foi finalizado e me trouxe dores emocionais extremas e um longo período de tristeza pela minha incapacidade de olhar para o quadro de uma maneira mais ampliada, provavelmente por não ter a maturidade emocional ou a inteligência emocional desenvolvida na época. Recordo que, nesse período da minha vida, esses sentimentos e emoções prejudicaram enormemente o meu trabalho, o convívio com a família e amigos, o estudo... Tudo que me cercava recebia uma influência negativa por consequência da minha atitude derrotista perante o desafio que estava diante de mim.

Mas também tenho na lembrança desafios e dificuldades que foram encarados e vencidos, me trazendo um sentimento inigualável de poder e sucesso. Lembro de momentos que me marcaram e com certeza mudaram os rumos da minha história de vida. Lembro da primeira vez que subi num palco para falar com o público. Isso foi em 1997. Eu era membro da Seicho-No-Ie, uma filosofia de vida de origem japonesa que tem uma abordagem espiritualista e positivista. Eu fazia parte da diretoria de uma associação local, e, naquela ocasião, estávamos aguardando a chegada do palestrante. O horário do início da palestra foi se aproximando. Na época, não tínhamos celular, de modo que era bem mais dificultoso dar ou receber qualquer aviso

UM NOVO OLHAR PARA OS DESAFIOS

de última hora. O jeito era continuar esperando e torcer para que a pessoa enfim aparecesse. Poucos minutos antes do horário determinado para o início, os outros membros da diretoria, pressentindo que o palestrante da noite não compareceria, se voltaram para mim e me elegeram como o substituto do orador da noite caso suas suspeitas se confirmassem. A sala estava cheia, com aproximadamente 50 pessoas, e eu nunca havia falado em público na vida, apesar de já sonhar em um dia me tornar um palestrante. Mais pessoas chegaram nos últimos minutos, de modo que o número de cadeiras não foi suficiente para todos os presentes. As pessoas chegavam e iam se acomodando de pé no fundo da sala. Às 20:00, horário marcado para o início da atividade, a sala contava com aproximadamente 70 pessoas, e, como vocês já devem imaginar, o palestrante realmente não apareceu. Eu seria o orador da noite.

Jovem, com 23 anos e totalmente inexperiente, sem ter uma pauta, nenhuma palestra pronta, e sem ideia do que falar para aquelas pessoas, ali estava eu, com a incumbência de entregar a elas um conteúdo relevante pelos próximos 45 minutos, e sem ter a menor ideia de qual seria. Ao mesmo tempo em que estava completamente apavorado, estava fascinado com a ideia de pela primeira vez subir num palco e me colocar à frente de uma plateia. Era um misto de excitação com desespero, e exatamente nesse estado tomei o palco naquela noite. Nervoso, completamente sem jeito e titubeante, gaguejava. Minhas pernas tremiam, minhas mãos suavam, meu coração parecia querer saltar pela boca. Tive tontura e minha barriga dava voltas. Iniciei me apresentando, na tentativa de gastar um pouco de tempo e na esperança de que aquele nervosismo extremo e

99

CAPÍTULO 5

flagrante diminuísse e eu pudesse começar a falar de uma maneira mais espontânea, fluídica, ou que alguém fizesse um comentário que me desse um "gancho", uma linha a ser puxada e desenrolada. Enfim, não tinha a menor ideia do que iria acontecer; apenas respirei fundo e segurei o microfone com as mãos suadas, geladas e trêmulas, pedindo internamente a Deus, aos anjos e a todas as forças superiores que me ajudassem a pelo menos não ser um grande vexame naquela noite. Os primeiros dez minutos se passaram, o que pareceu ser uma eternidade. Uma senhora fez uma piadinha durante a minha apresentação, talvez por ter percebido que eu estava numa "saia justa" ali e quisesse me ajudar, e em cima dessa piada eu consegui criar uma analogia que deu certo e de repente eu estava falando sobre um tema e havia achado um direcionamento para a palestra, um caminho a seguir. Dali por diante, cada minuto que se passava me deixava menos desconfortável, mais confiante. As pessoas começaram a interagir e eu comecei a literalmente gostar daquele momento que há apenas alguns minutos atrás me fazia suar frio e tremer de medo. Lembro que finalizei aquela palestra sob aplausos efusivos, causando choro de emoção e arrancando risos espontâneos de vários presentes. A partir daquele momento nunca mais tive dúvidas: um dia eu seria um palestrante profissional.

A capacidade de encarar as adversidades é uma das características das pessoas espiritualmente desenvolvidas. A história traz inúmeros exemplos de pessoas que, assim como eu, encontraram seus propósitos e construíram um caminho de sucesso a partir de um momento de extremo desafio, de uma dificuldade aparentemente indissolúvel que fez com que essas pessoas escavassem suas raízes mais profundas em

UM NOVO OLHAR PARA OS DESAFIOS

busca de soluções para aquela dificuldade em que se encontravam. Justamente por escavarem tão profundamente, puderam encontrar dentro de si tesouros inestimáveis, que provavelmente não encontrariam em situações mais favoráveis. Costumo dizer que a depressão e síndrome do pânico que vivi nos anos de 2011 e 2012 foram grandes mestras que eu tive em minha trajetória de vida. Durante esse período, pude desconstruir muitas crenças que precisavam ficar no passado: posturas, tendências à autossabotagem e uma série de coisas que me mantinham num padrão de funcionamento que não me favorecia. Eu saí daquele período extremamente fortalecido e preparado para viver a minha verdade. Lembro que até nos momentos mais escuros desse trecho da minha história eu procurava manter, apesar de todas as dificuldades que estavam ali diante de mim, uma postura proativa, positiva em relação àquilo tudo, o que era extremamente difícil. Nem sempre eu conseguia, mas essa era sempre a minha escolha: procurar olhar aquilo tudo como parte de um grande processo, um treinamento que iria me forjar e me tornar apto a vencer os desafios. Uma das características mais fortes do Novo Humano é a consciência de que ele é o protagonista de sua história. É esse novo ser que já desponta, sabe que é o responsável por tudo o que atrai e, se está vivendo algo que não lhe agrada, busca entender a raiz daquilo, as lições que essa situação está trazendo, jamais se colocando numa posição de vítima perante o acontecimento.

O mundo dos esportes está repleto de exemplos de atletas que tiveram que superar dificuldades extremas e justamente por isso alcançaram

CAPÍTULO 5

patamares elevados de excelência e resultado. O nosso grandioso Ronaldo Nazário (o Fenômeno), em minha opinião o maior camisa 9 da história do futebol mundial, voltou de sua mais grave lesão nos joelhos após várias cirurgias e extenuantes trabalhos de fisioterapia para se tornar não apenas campeão da Copa do Mundo de 2002, mas também o artilheiro da competição e nosso jogador mais decisivo, contrariando todas as expectativas médicas, que em sua maioria decretavam o fim de sua carreira. Michael Phelps, o maior medalhista da história dos jogos olímpicos, precisou vencer a depressão, o vício em pôquer, bebidas e drogas, consequência de sua baixíssima autoestima, para então se tornar um ícone mundial da natação.

Outros segmentos também estão recheados de exemplos de superação de desafios que tornaram seus protagonistas em verdadeiras referências. A ciência conta com Albert Einstein, disléxico e com desempenho escolar abaixo da média nas séries iniciais, que se tornaria mais adiante um dos maiores gênios que o mundo já conheceu. Stephen Hawking, diagnosticado com uma grave doença degenerativa aos 21 anos, surpreendeu os médicos que haviam dado dois ou três anos de vida ao cientista; não apenas por ter vivido até os 76 anos, mas por ter se casado, tido três filhos, e principalmente por ter se tornado um dos maiores físicos de quem já tivemos notícia. O mundo dos negócios e empreendedorismo também está cheio de histórias inspiradoras de superação de extremos desafios que se tornaram adubo e ponte para elevados patamares de sucesso e realização. E não podemos esquecer, é claro, dos incontáveis trabalhadores anônimos espalhados pelo mundo, que vencem verdadeiras batalhas todos os dias para sustentarem suas famílias, alcançarem suas metas e sonhos,

UM NOVO OLHAR PARA OS DESAFIOS

ascenderem socialmente, muitas vezes nas situações mais adversas possíveis, verdadeiros heróis e heroínas.

E você? Como você costuma lidar com os reveses da vida? Você é daquelas pessoas que encara de frente os desafios? Se engrandece perante eles? Ou costuma reagir a eles de forma pessimista, se apequena diante das adversidades? Faça uma breve introspecção. Revisite acontecimentos que marcaram sua trajetória e procure se lembrar de como você reagiu a eles. Tente traçar um perfil pessoal para descobrir que tipo de reação você costuma ter nesses momentos críticos e decisivos. Se você perceber que não tem adotado a postura corajosa, vitoriosa, frente às provas que a vida te traz, te convido a reavaliar seu modo de agir nessas situações daqui por diante. Te garanto que a sua vida será profundamente modificada, transformada até pelo simples fato de você ter adotado uma postura diferente, por ter saído do lugar de vítima das circunstâncias e se colocado no lugar do protagonista, aquele que transforma uma situação extremamente desafiadora e desconfortável, em um desafio a ser superado. A cada desafio vencido, o sentimento de vitória e sucesso nos invade. Nossa autoimagem é modificada e passamos a nos enxergar de forma diferente; nos tornamos maiores aos nossos próprios olhos à medida que vamos encarando e vencendo um a um os desafios que se apresentam. Pode acreditar: isso muda completamente tudo à nossa volta.

Renomear, colocar uma etiqueta que modifica ou transforma o significado de algo aparentemente negativo diante de si, é uma marca que distingue uma pessoa com alto grau de inteligência emocional e espiritual. Essa pessoa certamente terá muito mais possibilidade de

CAPÍTULO 5

êxito em todas as áreas da vida. Por exemplo: o final de um relacionamento pode ser apenas o final de um relacionamento, triste, doloroso; ou esse rótulo pode ser retirado e substituído por um outro. Que tal passar a considerar esse mesmo fato uma maravilhosa oportunidade para passar mais tempo consigo mesmo, se aprofundar no autoconhecimento, ou até fazer aquela viagem dos sonhos? Pode ser a possibilidade de conhecer uma outra pessoa, que talvez seja mais adequada para você neste novo momento de vida. Você pode transformar uma demissão inesperada numa grande oportunidade de empreender, indo atrás de um sonho que você pode estar nutrindo há tempos, mas que não buscava concretizar porque talvez estivesse bem ajustado à zona de conforto que este emprego te colocava! Enfim: não importa muito qual seja a dificuldade ou o desafio que se coloca diante de nós, a verdade é que sempre podemos dar um novo significado para ele. Na minha atuação como terapeuta consigo ajudar muitas pessoas nesse processo. Costumo auxiliá-las a enxergar a situação por um ponto de vista diferente e dar um novo significado, e é mágico perceber como apenas uma palavra inserida, uma leve mudança de olhar para algo, tem o poder de fazer alguém retomar o brilho nos olhos que havia perdido por julgar estar numa situação triste e indissolúvel. Claro que precisamos entender e olhar para as dores, afinal elas fazem parte do nosso crescimento. Não estou aqui estimulando que se coloque panos quentes em cima delas, pois estão ali por algum motivo e precisam ser consideradas, acolhidas, trabalhadas. Gosto particularmente do seguinte conselho: tenha, mas não mantenha! A dor talvez não seja opcional, mas o sofrimento é. Isso significa que faz parte do processo sentir a dor do fim de um relacionamento ou de uma demissão. Per-

UM NOVO OLHAR PARA OS DESAFIOS

mita-se senti-la, experimentá-la, e ela com certeza te trará uma nova perspectiva sobre aspectos importantes da vida. Porém não se permita perpetuá-la. Viva o que precisa ser vivido, chore, grite, esperneie, mas quando passar essa catarse inicial, dê um tapa na mesa e decida virar o jogo a partir daquele momento. Essa decisão, quando tomada de forma resoluta, é acompanhada de um sentimento de poder incrível que invade a pessoa que acabou de tomá-la. Ela é uma mola propulsora que nos empurrará adiante para longe daquela situação dolorosa que estávamos vivendo, que insistia em nos manter tristes, oprimidos, roubando toda a nossa energia e capacidade de expansão, criação e concretização.

Gosto sempre de contar a estória da fábrica de sapatos nas minhas atividades. Ela demonstra bem a capacidade de colocar as coisas numa perspectiva diferenciada. Essa estória também ressalta a diferença entre uma atitude vencedora e uma atitude derrotista frente a uma mesma situação. Vamos a ela:

Uma empresa do sul do Brasil, fabricante de calçados femininos, queria aumentar suas vendas no exterior. Com essa intenção, o setor de exportações, após longos e detalhados estudos de mercado, decidiu iniciar um trabalho na Índia com o intuito de inserir sua marca naquele país. Para isso, um vendedor da empresa foi recrutado e lhe foi oferecida a oportunidade de ser o profissional a iniciar e colocar a marca no mercado hindu. Ele foi enviado para o país depois de todas as providências necessárias terem sido tomadas, e tinha a incumbência de enviar relatórios semanais, descrevendo o desenvolvimento das atividades. Já na primeira semana, na data de envio do primeiro relatório, esse profissional entrou em contato com a fábrica no Brasil

CAPÍTULO 5

e destilou toda a sua raiva e desapontamento nos superiores que o haviam enviado. Vociferava ele ao telefone:

> "Vocês não poderiam ter feito isso comigo! Isso foi desrespeitoso com a minha pessoa! Se quisessem se livrar de mim era só ter me comunicado. Poderíamos ter feito um acordo de demissão, mas não precisavam me mandar para um lugar onde ninguém usa sapatos!"

Ao final da ligação, ainda extremamente alterado, o funcionário se demitiu e iniciou suas providências para voltar ao Brasil. O departamento de exportação, ainda embasado nos estudos de mercado que havia feito, continuou firme com a ideia de inserir a marca naquele país, pois tinha certeza absoluta de que era um mercado muito promissor. Foi enviado então um segundo representante, e se certificaram de que ele não ficaria sabendo dos reais motivos do desligamento do último enviado. Em poucos dias a segunda tentativa se iniciava: o próximo representante já estava a caminho da Índia para o breve início de suas atividades naquele país. Para a alegria do departamento de exportação, apreensivo por conta da experiência negativa do primeiro profissional, o segundo representante telefonou apenas três dias após chegar ao país. Ainda faltavam 4 dias para o primeiro relatório ser enviado, mas ele não se conteve e telefonou com antecedência, falando o seguinte:

> "Eu não sei o que fazer para agradecer vocês, que me deram a maior oportunidade que eu poderia receber! Estou muito feliz. Muito obrigado pela confiança e pela consideração. Vocês

UM NOVO OLHAR PARA OS DESAFIOS

poderiam ter enviado várias pessoas, mas me escolheram. Eu serei eternamente grato por terem me mandado para o lugar perfeito. Esse é o mercado mais promissor do mundo, afinal de contas, aqui muitas pessoas ainda não possuem sapatos!"

Fácil de entender por meio de uma anedota como essa, não é mesmo? Essa é a diferença entre a atitude de um vencedor e a atitude de alguém que vai ter muita dificuldade em prosperar e vencer os desafios por ter o hábito de olhar para o lado negativo da situação. É a velha estória do copo meio cheio ou meio vazio, o que você está enxergando? Qual costuma ser a sua postura perante os acontecimentos que te sobrevêm?

O vencedor é aquele que enfatiza o que tem, é grato por suas posses, seus potenciais, suas possibilidades, coloca sempre o foco naquilo que ele pode fazer e realizar e sempre se pergunta: "Como posso melhorar isso? De que maneira posso me aprimorar?" O vencedor cresce perante os desafios. Ele se agiganta, e aos poucos os desafios, que pareciam intransponíveis no início, vão se apequenando perante a grandiosidade do espírito do vencedor.

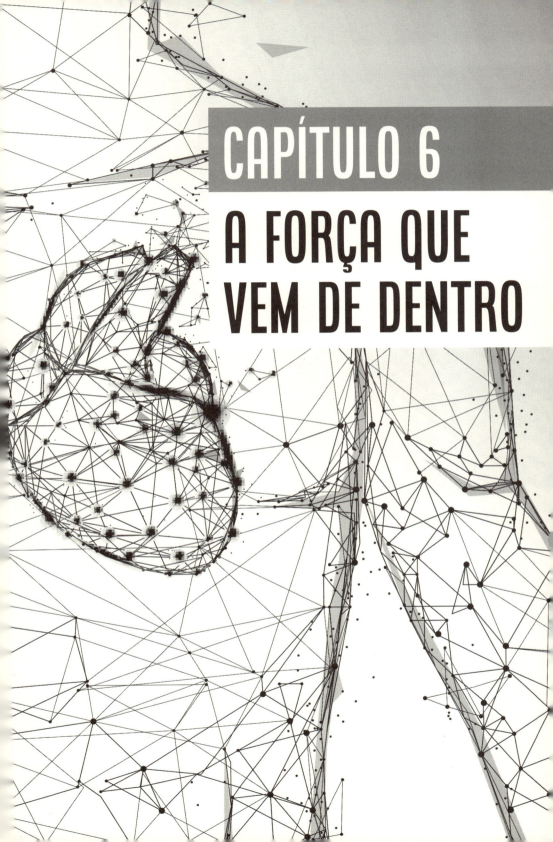
CAPÍTULO 6
A FORÇA QUE VEM DE DENTRO

CAPÍTULO 6

A FORÇA QUE VEM DE DENTRO

Neste capítulo, vamos falar da autoconfiança que provém de uma autoimagem positiva. A grande maioria dos seres humanos não consegue exteriorizar seus dons e talentos, seus potenciais mais elevados, por nutrir uma imagem negativa a respeito de si mesmos. Se existe uma marca que os novos tempos e o Novo Humano trazem é a mudança da percepção de si mesmo, que advém do conhecimento que ele tem de sua Origem e Natureza Divina. Mas isso está só começando a mudar. A maneira como o mundo e o universo das relações humanas foram estruturados não estimula ou encoraja o ser humano a ser um auto admirador. Desde os primeiros anos de vida, os elogios às qualidades, à curiosidade, ousadia, à personalidade única e às características positivas de cada ser não são muito frequentes. Pelo contrário; de modo geral, procura-se refrear essas características, que comumente são vistas como falhas. São marcas de uma educação que limita muito mais do que liberta.

# CAPÍTULO 6

"Você é um desleixado! Preguiçoso! Mal-educado! Indolente! Você nunca vai ser nada na vida!" Essas e outras palavras ásperas que tão comumente se ouvem na infância podem ser verdadeiras sentenças impostas a seres que ainda não geram energia própria e por isso se alimentam e assimilam as energias e conteúdos de todos que estão a sua volta, principalmente pais, professores e todos aqueles responsáveis diretos por sua educação. Essas sentenças, se ouvidas repetidamente, ou até mesmo uma única vez quando compostas de uma carga emocional intensa, podem dar origem a uma autoimagem extremamente negativa em uma pessoa. Essa visão negativa de si mesma poderá acompanhá-la para o resto de sua vida, causando-lhe os mais diversos tipos de infortúnios se ela não tomar consciência disso em algum momento da sua caminhada e não fizer nada para mudar a imagem que foi construída a respeito de si mesma.

Porém vale ressaltar que não é nem um pouco produtivo nos colocarmos no lugar de vítima se por acaso nos identificamos com o que foi exposto anteriormente, seja na nossa infância ou em qualquer outra época de nossa vida; como foi dito no capítulo anterior, assumir a responsabilidade por tudo que nos acontece e tomarmos uma atitude vencedora perante os fatos é requisito fundamental para extrairmos nossos potenciais mais elevados. Sinceramente, acredito que praticamente todos os seres humanos, em maior ou menor grau, trazem alguma sequela por conta de coisas que ouviram ou a que foram submetidos em seu processo educacional, familiar, religioso, etc. Conheço muitas pessoas que justificam seus fracassos e sua inércia pelo fato de terem tido uma educação muito rígida, cerceadora, limitadora, e colocam seus pais

A FORÇA QUE VEM DE DENTRO

ou professores como as peças determinantes por não terem conseguido alcançar o êxito almejado; posição confortável essa, aos meus olhos. Por outro lado, conheço vencedores que atribuem aos mesmos fatores - rigidez, displicência, e até maus tratos recebidos, em casos extremos - os fatores que determinaram sua vontade de vencer, vontade que os levou a atingir os patamares almejados de sucesso e a uma vida cheia de significado e plenitude.

Quer você se encaixe em uma das descrições anteriores ou não, o importante é que entenda o quanto uma autoimagem positiva gera autoconfiança, que por sua vez gera atitudes firmes e assertivas. Quem possui essa característica, seja como traço de temperamento ou como uma capacidade adquirida ou recuperada ao longo da trajetória de vida, aumenta exponencialmente as chances de êxito em qualquer área, em qualquer projeto que se proponha a realizar. Por outro lado, a autoimagem negativa gera uma insegurança que prende as atitudes e iniciativas. É como se fosse uma espécie de limitador de velocidade, como aqueles carros que têm a capacidade de atingir 300 quilômetros por hora, mas por conta de um dispositivo passam a alcançar no máximo 140 quilômetros por hora. Esse carro está funcionando com menos da metade de sua potência. Pare para pensar por um instante: existe um limitador de velocidade instalado em você? Em que percentual você está manifestando seu potencial? Creio que uma análise sincera levará a maioria dos leitores a constatar que existe, sim, uma espécie de limitador de velocidade instalado em si, que impede a manifestação do brilho e plenitude no seu potencial máximo. Por mais que as coisas pareçam estar caminhando bem, lá no fundo sabemos que há muito mais a explorar e manifestar.

CAPÍTULO 6

Estes dispositivos são sorrateiramente instalados em nós durante a nossa trajetória de vida. Em algum momento, eles passam a ditar o nosso modo de operar e funcionar no mundo. Coisas simples, do dia a dia, vão nos estimulando a nutrir uma autoimagem extremamente negativa a respeito de nós mesmos. Na maioria dos casos, esse processo é imperceptível. Ele vai acontecendo. Não há uma sirene que nos avisa que estamos entrando em um nível perigoso de baixa autoestima. A "coisa" simplesmente vai acontecendo e, quando menos se percebe, já nos tornamos os nossos maiores sabotadores.

Frases simples como: "Vê se não incomoda a tia, hein", ditas ao irmos passar um dia ou um fim de semana na casa dos nossos tios, reforçam a ideia de que somos um estorvo e que temos que nos tornar o mais imperceptíveis possível, de preferência invisíveis. Ou... "Olha as notas do teu irmão, você não tem vergonha?" Ou ainda... "Não sei mais o que faço com você, desse jeito você não vai ser nada na vida!" Sem falar nas inúmeras vezes em que fomos elogiados, na família ou fora dela, porque exercemos a "humildade", ou melhor, a falsa humildade, aquela que insiste em nos colocar como menores, pequenos ou até mesmo insignificantes. Ou quando fomos severamente criticados por termos ressaltado algo que sabemos fazer bem ou evidenciado uma das nossas habilidades. Definitivamente, o reconhecimento saudável dos nossos dons e potenciais não é algo estimulado em nossa formação. Fizeram-nos acreditar que qualquer menção que fazemos aos nossos próprios talentos é algo merecedor de antipatia ou até mesmo de repulsa. Ao contrário da autocomiseração, que é vista com simpatia, bem aceita, e atrai a atenção das pessoas que nos cercam.

A FORÇA QUE VEM DE DENTRO

Essa maneira completamente equivocada em que fomos habituados a funcionar acaba levando a grande maioria das pessoas a ter que lidar a partir de uma certa idade – geralmente quando começam a vivenciar questões mais complexas como mercado de trabalho, relacionamentos sociais e afetivos e todos os desafios que a vida traz – com uma falta de confiança absurda em si mesmas, que não raras vezes as leva à derrota ou à desistência de algo de extrema importância na vida. É claro que isso que acabo de relatar não constitui uma verdade absoluta e não se aplica a 100% das pessoas. Entretanto, durante a minha carreira como gestor do esporte, quando fui diretor do departamento de futebol de base do Avaí FC e do Figueirense FC, ambos de Florianópolis, e depois como gestor de carreiras de atletas profissionais de futebol na Mega Marketing Esportivo, bem como em todas as outras experiências que tive dentro do universo corporativo, pude comprovar um fato que para mim hoje é praticamente inquestionável: a diferença gigantesca dos resultados obtidos por pessoas com níveis diferentes de percepção de si mesmas, muitas vezes suplantando até os talentos individuais.

Por diversas vezes, durante a minha carreira de captação de atletas, apostei todas as minhas fichas em jogadores tecnicamente menos talentosos, mas que traziam em si a marca da ousadia, da coragem, da impetuosidade e da autoconfiança. Esses se arriscavam mais, não se deixavam abater porque haviam perdido um pênalti num jogo decisivo. Pelo contrário: no jogo seguinte, se houvesse um pênalti, iam pedir para ser o cobrador, chamando a responsabilidade para si. Eram jovens que já despontavam como excelentes gestores de suas próprias emoções. O que os levou a altos níveis de inteligência emocional em

CAPÍTULO 6

muitos casos foi justamente a falta de oportunidade e de cuidados na família. Esses jovens viam no futebol uma das únicas vias para terem uma vida digna. Nessa trajetória como um "caçador de talentos" do mundo do futebol, obtive muito êxito e um alto índice de acerto nas minhas projeções sobre quem se tornaria um profissional para atuar em clubes de ponta no cenário brasileiro e mundial e quem não chegaria a se profissionalizar - ou, caso chegasse, não atuaria em grandes clubes, mas, sim, passaria de um clube pequeno a outro. E qual era um dos fatores principais que eu observava para fazer tal análise? Além, é lógico, da imprescindível qualidade técnica e física que a profissão de atleta profissional exige, o que mais me prendia a atenção era o nível de confiança que aquele jovem possuía, ou a ausência dela. Era comum eu arriscar para a equipe de observadores e às comissões técnicas que trabalhavam junto comigo: "Fulano de tal dificilmente virá a se tornar um jogador profissional" e muitas vezes vinham reações muito opostas do tipo: "Você está louco? Ele é o melhor jogador do nosso juvenil, o mais técnico, o mais inteligente..." Eu geralmente concordava com o que falavam: "Sim! Vocês têm razão, ele é muito técnico e inteligente, mas joga com medo, não confia o suficiente em si mesmo". Tive um grau de acerto de prognósticos incrível na minha carreira apostando muito mais na atitude proativa e corajosa dos atletas do que em suas condições técnicas ou físicas. Ainda hoje vejo jogadores pelo Brasil e pelo mundo, atuando em clubes de ponta no cenário mundial e seleções, que passaram pela minha avaliação, um tanto diferente quanto aos critérios.

A FORÇA QUE VEM DE DENTRO

Há um estudo que mostra que as pessoas medianas, a cada 10 tentativas de fazer algo com certo grau de complexidade, erram 5 vezes. Porém as excepcionais têm em média de 8 a 9 erros nas mesmas tentativas. Qual é a diferença entre essas pessoas? Entre um ser humano excepcional e um mediano? É que quando uma pessoa mediana erra, ela se deixa afetar na confiança e geralmente não tentará novamente. Se tentar, o fará com um sentimento de medo e insegurança que fatalmente a levará ao fracasso. Ao passo que uma pessoa excepcional não se julga incapaz pelo fato de não ter conseguido realizar: ela pega a experiência, tira as lições valiosas que aquele aparente fracasso lhe trouxe, melhora a sua performance e parte para uma nova tentativa. A pessoa com essa mentalidade se tornará infalivelmente excepcional com o passar do tempo em tudo o que ela colocar essa energia e foco.

Outro erro muito comum de encontrar na atualidade é as pessoas atrelarem autoimagem positiva com beleza estética. Aí está um erro clássico que acaba atrapalhando e atrasando a vida de muita gente. Não é a minha intenção aqui criticar qualquer iniciativa na tentativa de ter um rosto ou um corpo mais bonito. Longe disso. Quero apenas ressaltar que atender um padrão de beleza imposto pela sociedade não vai lhe garantir altos níveis de autoconfiança. Certa vez, atuando como terapeuta numa capital do sul do Brasil, atendi uma modelo internacional, capa de várias revistas famosas. Eu jamais imaginaria que a demanda que ela fosse trazer para o atendimento fosse um problema com autoestima. Achei que ela me traria algo como questões nos relacionamentos ou estresse devido à agenda cheia de viagens e compromissos, mas foi exatamente a autoestima que ela me trouxe. Ela

CAPÍTULO 6

tinha uma imagem péssima a respeito de si mesma, e, por mais que o mundo a aclamasse e aplaudisse por todos os lugares onde passava, ela se recriminava e se desvalorizava o tempo inteiro. Acabava atraindo para si uma série de acontecimentos que confirmavam a crença que ela nutria a respeito de si mesma. SEJA-TE FEITO CONFORME CRESTE: você já deve ter ouvido essa frase em algum lugar, né? Essa modelo internacional confirmou para mim algo que eu já sabia por estudo e que vinha constatando há tempos em minha vida e atuação profissional: UMA AUTOIMAGEM POSITIVA ESTÁ MUITO MAIS RELACIONADA COM O LADO DE DENTRO DO QUE COM O LADO DE FORA. Isso nos leva a olhar para a estimulação da inteligência espiritual como algo de importância máxima. Então, se você identificar nesse texto que tem um problema com relação à autoimagem, saiba que o trabalho que precisa ser feito é muito mais interno do que externo. Cirurgias estéticas e harmonização facial não vão lhe garantir autoestima elevada, apesar de serem ferramentas legítimas e que estão aí para melhorar a vida, desde que não depositemos nelas o foco total a ponto de esquecermos o trabalho interno que precisamos fazer.

Para comprovar e sedimentar essa verdade, a vida me trouxe vários outros exemplos de pessoas que tinham tudo pra ter uma autoimagem muito positiva, mas não a possuíam, apesar de atenderem ao padrão de beleza, terem status e reconhecimento social. Por outro lado, pude conviver também com muitas pessoas que, aos olhos do mundo, tinham tudo pra se diminuir e desvalorizar, mas que tinham uma extraordinária percepção de si mesmas e faziam sua luz brilhar de forma incrível e intensa. Recordo de ter dividido palco em eventos

A FORÇA QUE VEM DE DENTRO

grandes com palestrantes que nem de longe atendiam aos padrões de beleza que o mundo procura impor, mas que, quando subiam no palco, ofuscavam qualquer Miss Universo que pudesse estar por perto. Aquela certeza que traziam e nutriam a respeito de sua luz e seu brilho se exteriorizavam de tal forma que ninguém conseguia deixar de observar, por mais distraído que estivesse.

Essa luz, esse brilho que resplandece ao redor de uma pessoa que nutre e sustenta essa imagem positiva a respeito de si mesma, a metafísica chama de campo. Um campo de energia, de força, é gerado ao redor desse ser e acaba sendo irradiado e expandido à medida que esse ser dá mais nutrição e reconhecimento a essa presença luminosa em si. Essa força, esse campo, não para de se expandir e magnetizar enquanto essa pessoa estiver consciente e trabalhando na expansão de sua energia conscientemente. Em todas as atividades que essa pessoa se dispuser a realizar, ela terá destaque, será notada, sem ter que fazer o mínimo de esforço para isso. Ela já não busca os holofotes para se tornar luminosa, são os holofotes que a buscam, pois ela é a própria luz! São essas pessoas que ascendem rapidamente numa empresa, num grupo ou num ramo de atividade, seja ele qual for. Isso porque o meio não pode deixar de percebê-las, assim como não podemos deixar de perceber a luz de um holofote que acaba de ser ligado próximo a nós.

E como fazer para acender e expandir essa luz? É essa a pergunta que você deve estar fazendo agora. Acender consiste em se tornar consciente dela. Existe uma máxima metafísica que diz: tudo em que coloco a minha atenção cresce e tudo o que ignoro definha, desaparece. Podemos usar essa máxima para acender essa luz que há em nós,

CAPÍTULO 6

tornando-nos conscientes dela. Esse é o primeiro passo para manifestá-la, é como apertar o interruptor. A partir do momento em que o interruptor é acionado e passamos a reconhecer a luz, quanto mais dermos atenção a ela, mais ela se expandirá. Se fizermos um esforço consciente para extrair essa luz das nossas camadas internas, por mais difícil que tenha sido a nossa infância, por mais que o mundo tenha se esforçado para manter a nossa luz em estado não manifesto, começaremos a experimentar sensações de prazer e bem-estar que até pouco tempo desconhecíamos. Essa presença não é algo novo; ela sempre esteve ali, mas provavelmente teve poucas oportunidades para ser manifestada e extraída ao longo da vida. Porém, agora que você se tornou consciente dela, pode conscientemente dar vazão a essa força e brilho. À medida que fizer isso, mais e mais ela emergirá, e a sensação de poder, bem-estar e confiança começarão a naturalmente tomar lugar em sua vida como resposta à sua autoimagem que está sendo transformada. A partir disso, você pode esperar resultados completamente diferentes em todas as áreas.

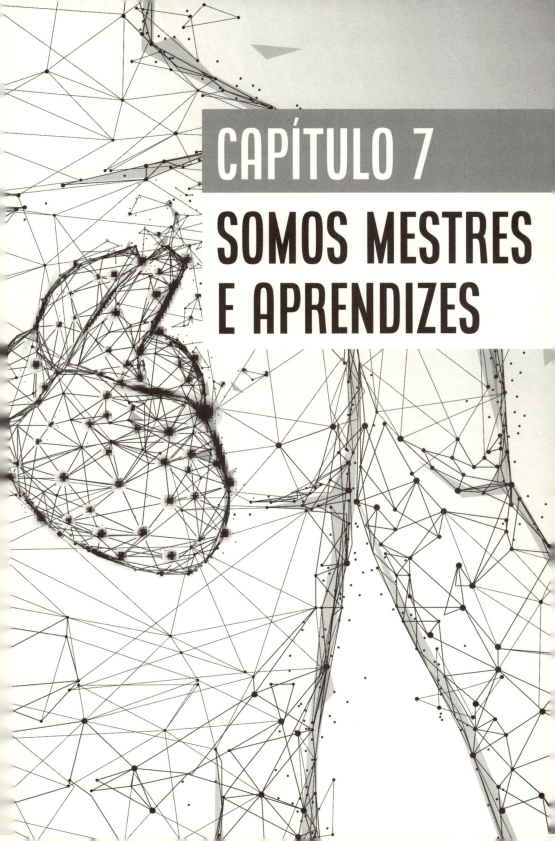

CAPÍTULO 7
SOMOS MESTRES E APRENDIZES

CAPÍTULO 7

SOMOS MESTRES E APRENDIZES

¨Ninguém sabe tanto a ponto de não ter o que aprender, nem tão pouco a ponto de não ter o que ensinar.¨

Fernando Machado

Com essa frase, de minha autoria, dou início ao sétimo capítulo. O objetivo que tenho é mostrar a importância de nutrirmos uma visão coerente e realista a respeito dos papéis de mestres e aprendizes que vamos nos deparar por várias vezes ao longo de nossas vidas, em nossa trajetória pessoal, profissional, espiritual, entre outras.

É claro que, para nos tornarmos mestres em qualquer área, precisamos primeiro nos colocar no papel de aprendizes, às vezes por muito tempo, dependendo do grau de complexidade que aquela disciplina ou área da vida possui. Posso listar inúmeros mestres que tiveram um grau de importância gigantesco na minha caminhada, e ainda têm, cada um deles me ajudando a construir e sedimentar o trecho que me

CAPÍTULO 7

trouxe até esse ponto. Não fosse a presença dessas pessoas em momentos específicos, eu estaria longe de chegar no lugar onde cheguei, e provavelmente não estaria vivendo a vida que sonhei viver.

É preciso que desmistifiquemos a figura do mestre. Sugiro que derrubem a imagem equivocada do guru infalível, que tem todas as respostas para todas as perguntas. Fomos - e ainda somos - estimulados a acreditar na existência dessa figura, aquela que será a solução para todos os nossos problemas e desafios. Por acreditarmos nisso, dependemos um bom tempo e energia tentando encontrar ou identificar em nosso círculo social alguém que se enquadre nessa característica. Se a identificamos, passamos a depositar e a nutrir por ela a confiança e a firmeza que deveríamos nutrir por nós mesmos. Há uma transferência de poder acontecendo aí, bem como um grande risco desse poder não ser mais retomado. Ele pode ser transferido de uma pessoa a outra, indefinidamente, e nunca mais retornar para o lugar de onde nunca deveria ter saído: de dentro de nós mesmos.

E assim seguimos às vezes por muitos anos, numa postura desatenta, desavisada e sem estrutura própria, passando de um guru a outro. Esse guru pode ser um terapeuta, um sacerdote, uma celebridade ou um parente próximo, não importa - o que importa é entender que, quando fazemos isso, abrimos mão do nosso poder, da nossa força, e não somos mais os protagonistas de nossas vidas. Passamos a ser um intérprete de um papel, de uma peça que está sendo dirigida por outra pessoa. Não haveria nenhum problema se não estivéssemos falando da nossa própria biografia. Conheço muitas pessoas que fazem constantemente esse

SOMOS MESTRES E APRENDIZES

movimento de "endeusar" alguém - e o fazem com convicção. Enchem a boca para falar: "Meu guru disse isso", "Meu guru me mandou fazer aquilo", "Meu guru não permite que eu faça isso". Uma pena. Eu mesmo já fui chamado de guru por algumas pessoas, que em tom de brincadeira me disseram: "Fernando, a partir de hoje você é o meu guru", e, nas poucas vezes que isso aconteceu, fiz questão de repreender imediatamente e já retrucar: eu não sou guru de ninguém!

Embora haja esse risco de transferência de poder e responsabilidade, como acabamos de ver, precisamos ressaltar a importância de nos vincularmos de uma maneira saudável a pessoas que estão mais adiantadas do que nós em alguns aspectos, para que possamos tornar a nossa caminhada mais fluida, leve, e para sermos mais assertivos na busca dos nossos objetivos e sonhos. A essa figura, daremos aqui o nome de MENTOR! Um mentor, bem diferente de um guru, não é aquele que tem todas as respostas. Ele é simplesmente alguém que, em alguma área da vida, já percorreu um trajeto que você quer percorrer. Ele sabe o caminho, já passou pelos trechos sinuosos da trilha que você está começando a trilhar, já caiu nas armadilhas, já conhece os atalhos, sabe onde pode encurtar o caminho, sabe dos riscos de se pegar determinados atalhos, consegue avaliar se o tempo que será economizado valerá a pena ou não, bem como uma série de outros fatores. Ele funciona mais ou menos como um guia de turismo: vai te levar aos lugares que têm mais relevância, vai te contar a história do lugar, te fará economizar tempo e energia naquela visitação, e, se o lugar que você está visitando traz

CAPÍTULO 7

um certo risco, como uma trilha em mata fechada, por exemplo, ele com certeza te conduzirá seguramente, minimizando todos os perigos que aquele passeio poderia representar.

O Novo Humano traz em si - e, caso não traga, procurará desenvolver - a consciência e a humildade que tornam evidente a necessidade de contar com pessoas mais experientes em momentos pontuais para que determinados projetos de vida possam ser concretizados. A postura incoerente e arrogante de quem acha que não vai necessitar de pessoas mais conhecedoras do caminho que está prestes a trilhar comumente a afasta ou no mínimo dificulta muito a materialização de seus sonhos e objetivos.

Eu já tive o privilégio de contar com vários mentores durante a minha trajetória - e continuo contando com eles. Faço palestras há mais de 20 anos e hoje sou reconhecido como um ótimo orador e palestrante. Porém isso até pouco tempo não estava sendo suficiente para me fazer ingressar no mercado das palestras corporativas, visto que minhas palestras eram voltadas para o público geral, e não especificamente para empresas. Durante um bom tempo fiquei procurando uma maneira de fazer o meu trabalho ser visto e desejado pelas corporações, mas todas as tentativas que havia feito se mostraram infrutíferas. Eu não conhecia o meio nem as peculiaridades do mercado, tinha poucos contatos, entre uma série de outros impeditivos - até que encontrei meus mentores nesse trabalho.

Eles foram: David Fadel, praticamente o pioneiro do Brasil nesse ramo, com competência e experiência de sobra, que conhece os

SOMOS MESTRES E APRENDIZES

detalhes desse mercado como ninguém. Ele desfruta de reconhecimento e respeito no meio, fatores indispensáveis para escolhermos um mentor; e Janaína Paes, que tem um conhecimento fantástico na produção de material, de conteúdo, de apresentação, gestão de carreira e que também desfruta de uma reputação maravilhosa nesse mercado. A partir do encontro e da parceria com essas duas referências, palavra que também gosto de utilizar para me referir a esse assunto, as coisas passaram a funcionar de uma forma muito mais fluídica e positiva. Eles encurtaram o caminho e construíram uma ponte entre o Fernando palestrante e as empresas, convenções, seminários e todos que contratam palestras. Essa ponte só pode ser construída por alguém que já trilhou o caminho.

Irei relacionar a seguir, com base em minha própria experiência e também em vasto estudo e pesquisa sobre o tema, oito pontos para podermos identificar um bom mentor, seja para si mesmo ou para a sua empresa:

1. Desejo de ajudar

É preciso que essa pessoa se comprometa com a sua ideia, que ela "vista a camisa": você precisa sentir de verdade que ela está interessada no sucesso do projeto e que ela vai dar o seu melhor em conhecimento e experiência, tempo e esforços para que você chegue ao seu melhor resultado. Porém não é demais ressaltar que isso só acontecerá se VOCÊ em primeiro lugar estiver 100% comprometido com o seu projeto.

127

CAPÍTULO 7

2. Experiência

É necessário que essa pessoa já tenha percorrido, de preferência várias vezes, o trajeto que você ou sua empresa estão dispostos a percorrer. Hoje em dia existem muitas pessoas se colocando como "mentores" sem ter o conhecimento prático necessário para o desenvolvimento de qualquer habilidade. Talvez tenham aprendido num livro, num curso, o que talvez os coloque intelectualmente um pouco à frente de quem está disposto a contratá-los, mas isso é pouco quando queremos confiar a alguém algo que pra nós é muito importante e valioso. Gosto sempre de usar o exemplo do casamento: se um dia eu for buscar aconselhamento matrimonial, vou preferir me aconselhar com alguém casado, e de preferência que tenha mais de uma experiência de casamento, experiências de sucesso e de fracasso. Acredito que não me sentiria seguro em acolher os conselhos de um padre, por exemplo, em se tratando de vida conjugal, por motivos óbvios.

3. Reputação

Assim como mencionei anteriormente a respeito dos meus mentores, procure verificar referências. Vá atrás de informação no mercado, na internet. Nos tempos atuais é muito fácil conseguirmos informação sobre profissionais e empresas. Não arrisque seu projeto de vida, seu

SOMOS MESTRES E APRENDIZES

sonho, seus recursos financeiros, energia e tempo ou a saúde de sua empresa com alguém que você não tenha certeza de que tem conhecimento e reputação ilibadas e que pode impulsionar o seu sucesso.

4. Tempo e energia

Essa pessoa precisará despender tempo e energia para se dedicar ao seu projeto, à sua ideia, e se ela realmente tiver algo muito precioso para te entregar, isso te custará dinheiro. E te certifico de que VALE A PENA. Se você tiver sucesso na escolha de um bom mentor, seguindo cuidadosamente essas dicas, o seu investimento certamente te trará retorno tanto financeiro como de imagem, melhoria do seu trabalho, entre outros. Se for muito barato, muito abaixo do preço médio do mercado, desconfie... E se for de graça? Bom... De graça, NÃO EXISTE! Isso não é mentoria, isso é palpite, opinião! Se você realmente quer um profissional experiente e com conhecimento diferenciado para te ajudar no teu trajeto, para que você chegue onde quer chegar, é preciso estar bem claro que o tempo, a experiência, e a expertise dessa pessoa têm valor.

5. Atualização constante

Uma das coisas que me chamam a atenção na Janaína é que ela sempre me manda notícias, tendências de mercado, novos modelos de atuação, novos decretos do governo e tudo que ela acessa de

129

# CAPÍTULO 7

novo. Tudo que tem alguma relação com o trabalho que desenvolvemos, ela me envia. Está sempre atenta às novidades de tecnologia e mercado e sempre faz questão de compartilhar comigo. Verifique se a pessoa que você está prestes a contratar como mentor(a) possui essa característica, essa facilidade em se atualizar, se adaptar e se adequar às novas tendências. Essa é uma característica fundamental que precisa estar presente se quisermos contar com uma mentoria de qualidade.

6. Capacidade de aprender

Mais uma característica que verifico nos meus mentores atuais é que eles sabem muito a respeito do ramo em que estão inseridos, porém jamais se colocam como donos da verdade. Eles acolhem meus pontos de vista, mesmo que sejam contrários aos deles, e estão sempre abertos para sugestões e mudanças. Percebo claramente que a maior motivação deles é o sucesso do projeto e não estão preocupados em fazer valer a sua ideia ou o seu jeito de realizar as coisas. Em outras palavras, possuem a virtude da humildade, que já foi ressaltada anteriormente neste livro. Evite mentores "sabe-tudo", aqueles que não têm flexibilidade e humildade. Essa característica pode colocar o projeto a perder, porque nesses casos o ego é mais importante do que o alvo a ser atingido. Um mentor é um líder e a liderança inteligente e efetiva é horizontal, e não vertical. Se mentor e mentorado tiverem

SOMOS MESTRES E APRENDIZES

uma inteligência emocional aprimorada, nenhum dos dois terá qualquer problema com relação a uma eventual discordância ou diferença em seu ponto de vista.

7. Habilidades efetivas e rede de contatos

É importante que o mentor possua habilidades claras no que ele se propõe a trazer para você ou para a sua empresa, que ele tenha a facilidade em comunicar isso a você, não adianta ser o maior conhecedor do ramo, se ele não tiver capacidade de colocar todo o seu conhecimento à sua disposição, de forma clara e efetiva. É importante também que esse mentor, além de nutrir boa reputação no mercado, tenha uma rede de contatos interessante, isso facilitará o alcance do objetivo proposto.

8. Capacidade de extrair o seu melhor

Um bom mentor estará sempre atento às suas qualidades, qualidades que talvez até mesmo você desconheça. Com isso ele pode mudar o rumo do projeto, abrir um novo leque de possibilidades que você jamais havia pensado, e com isso potencializar - e muito - as chances da obtenção de êxito, com menos desgaste energético e em menos tempo.

CAPÍTULO 7

Relatei algumas características que precisam ser observadas para a escolha de um bom mentor, alguém que vá realmente te levar mais próximo da realização do seu sonho, que vai encurtar a distância do ponto A, onde você ou sua empresa estão, para o ponto B, o lugar onde se pretende chegar. Também baseado em minha própria experiência, hoje posso sugerir a todos que estão verdadeiramente comprometidos com seus projetos que invistam tempo, energia e recursos financeiros em um bom trabalho de mentoria com alguém que já esteja tarimbado naquilo que você deseja realizar. Hoje o mercado oferece profissionais mentores para praticamente tudo, desde vida financeira à vida conjugal, atividade física, questões emocionais, espirituais, profissionais, viagens, e muitas outras áreas.

O que foi exposto até aqui nos traz uma clara visão sobre a importância de nos colocarmos como aprendizes, sabermos identificar profissionais que estão à nossa frente em alguma área que queremos dominar e nos vincularmos em parceria com essas pessoas. De agora em diante falarei um pouco da importância de nos colocarmos como mestres, como referências, em alguma área específica para as pessoas que não têm a experiência e o conhecimento que já alcançamos naquela área da vida. Aquela tendência de nos fazermos pequenos, que já foi comentada neste livro, a falsa humildade, pode nos fazer acreditar que não temos condições de ser referência para outras pessoas, por mais conhecimento e experiência que possamos ter em algum segmento. Já me deparei com inúmeras pessoas talentosíssimas que possuem uma fluência gigantesca em uma

SOMOS MESTRES E APRENDIZES

área ou ramo de atividade, mas que simplesmente não conseguem se colocar como autoridade no assunto. Se você se enquadra nessa descrição, esse é mais um bom motivo para trabalhar sua autoimagem. Há um equívoco enorme por parte de um grande número de pessoas nesse sentido: elas acreditam que precisam dominar 100% um assunto, que não podem ter um mínimo de dúvida em nada que tenha relação com aquilo, para só então aceitar se colocar no lugar de mestre, professor, referência ou mentor. Precisamos entender que o bom mentor tem a consciência de que tudo sempre está em evolução, assim como ele também precisa estar, e que isso não irá impedi-lo de compartilhar todo o conhecimento que já possui.

Um dos *feedbacks* que mais recebo no meu trabalho hoje em dia, seja em cursos, palestras, terapia ou até mesmo por meio de uma live, é o fato de as pessoas gostarem muito do fato de eu admitir que não sei algo quando realmente não sei ao invés de inventar uma resposta qualquer por medo de parecer vulnerável ou de decepcionar a pessoa que me perguntou. É importantíssimo termos a compreensão dessa premissa básica para potencializarmos as nossas forças na perseguição de um sonho ou objetivo: "NINGUÉM SABE TANTO A PONTO DE NÃO TER O QUE APRENDER, NEM TÃO POUCO A PONTO DE NÃO TER O QUE ENSINAR". Quando entendemos e aplicamos essa premissa no dia a dia, ficamos atentos a todas as lições que podem vir, às vezes dos lugares mais inesperados. Essas lições podem vir de uma criança, de um condutor do ônibus no qual você está viajando ou do seu vizinho. Passamos também a perceber, quando entendemos

CAPÍTULO 7

a importância de passar adiante o que já sabemos, que cada vez que ensinamos algo a alguém esse algo se estrutura mais em nós mesmos. É assim que damos um passo adiante no entendimento daquilo. Em outras palavras, quando ensinamos, aprendemos.

A vida é como uma grande universidade. Ela é dividida em campos, setores, cursos, e cada um deles tem seus vários estágios de evolução, da primeira fase até a última, e depois dela a especialização, o mestrado, o doutorado e o pós-doutorado. Você pode ser um especialista na questão financeira, por exemplo, e ser péssimo com as questões afetivas; ou ser um expert nas relações familiares e péssimo com outros vínculos sociais. É importante que você esteja atento e consciente das características que te destacam, daquilo que você já domina e executa com facilidade, e se coloque à disposição das pessoas que te cercam. Apenas ofereça seus conhecimentos e habilidades ao mundo. Não há problema algum se você quiser transformar isso em sua profissão ou na maneira como você ganha a vida! Se desfaça das crenças limitadoras do tipo "Não devo cobrar por um talento nato que recebi" e outras que travam tanto a nossa vida profissional e trancam o fluxo da prosperidade. Todas as pessoas que atingiram sucesso em suas carreiras só o alcançaram porque já se desfizeram dessas ideias que tanto limitam e atrapalham a nossa vida em todos os aspectos.

Atribua valor ao que você entrega, essa é a única maneira do mundo ou do mercado também atribuírem. Mas é claro: seja muito sincero consigo mesmo em primeiro lugar quanto ao valor do que você está entregando e se proponha sinceramente a melhorar sempre, o tempo

SOMOS MESTRES E APRENDIZES

todo, a qualidade do que você entrega, seja um produto ou um serviço. Estamos entrando na era do compartilhamento. Esse novo mundo que estamos começando a vivenciar terá cada vez menos espaço para pessoas que não estiverem dispostas a aprender, sentando humildemente na cadeira de aluno quando se depararem com alguém que esteja mais adiantado em qualquer área. Esse mundo também terá menos espaço para pessoas que não estiverem dispostas a compartilhar aquilo que já aprenderam, seus ensinamentos e experiências, seja por conveniência, medo ou por se acharem despreparadas. Em outras palavras, o Novo Humano tem a consciência de que dar e receber fazem parte do fluxo natural da vida. O filósofo Mário Sérgio Cortella chama de generosidade intelectual o fato de compartilharmos com o mundo ou com as pessoas do nosso convívio os conhecimentos e informações que são relevantes e nos trazem benefícios e transformações. Eu acrescento que também é generoso de nossa parte receber essas contribuições, porque quando recebemos humildemente, damos a oportunidade para que outra pessoa exerça sua generosidade em doar. Para todo doador precisa haver um receptor.

Todos nós, do mais singelo dos seres humanos ao mais letrado no meio acadêmico, seremos expostos a situações em que ignoramos completamente o que está sendo tratado e exposto. Nesses momentos, precisamos sentar na cadeira da humildade e procurar colocar em prática as nossas inteligências emocional e espiritual, buscando um ponto de referência, uma pessoa, alguém que possui conhecimento naquele tema, que irá nos conduzir a um entendimento melhor daquilo. Assim

CAPÍTULO 7

como seremos colocados em situações em que o nosso conhecimento irá se sobressair ao da maioria das pessoas. Nesse caso a autoridade, sem deixar de lado a humildade e vários outros valores e pilares das inteligências que foram abordadas no primeiro capítulo, precisará também estar presente. Por isso é de fundamental importância a tentativa de nos aprofundarmos mais no entendimento delas e buscarmos conscientemente evoluir no sentido de fazer essas características e inteligências se desenvolverem em nós.

Finalizo este capítulo enfatizando as duas ideias principais que motivaram a inclusão dele no livro: a primeira, que todos somos mestres e aprendizes o tempo todo. Um recém-nascido já vem ao mundo trazendo lições peculiares aos pais e a todos que o cercam, e não precisamos ressaltar a quantidade de coisas que esse novo ser precisará aprender ou quantos mentores serão necessários para que ele se desenvolva, desde as questões mais simples, como sentar, comer, caminhar, às questões mais complexas que farão parte da sua trajetória de vida! E a segunda ideia principal é: TENHA UM MENTOR, ou vários, ao longo de sua caminhada. Quando você identificar algo muito importante, quando você conseguir visualizar um ponto a ser alcançado no horizonte, procure esse profissional que irá encurtar o tempo e a distância entre a sua localização atual e esse alvo que você acabou de identificar. Procure alguém que o desafie, que consiga extrair o seu melhor de acordo com as suas características e potenciais que vocês identificarão trabalhando em conjunto. Procure alguém que discorde de você, que tenha interesse genuíno

SOMOS MESTRES E APRENDIZES

no seu projeto, que se sinta tão empolgado quanto você está para alcançar o êxito, e esteja certo de que, se você tiver a felicidade e o mérito de encontrar essa pessoa, o sucesso do seu empreendimento estará muito mais próximo do que estaria se você continuasse contando apenas com o seu próprio esforço e conhecimento.

CAPÍTULO 8

A FORÇA DENTRO DAS ORGANIZAÇÕES, O SER HUMANO NO CENTRO DO PROCESSO

CAPÍTULO 8

A FORÇA DENTRO DAS ORGANIZAÇÕES, O SER HUMANO NO CENTRO DO PROCESSO

A Revolução Industrial foi com certeza um dos períodos mais marcantes da história da humanidade. A partir desse momento, as máquinas passaram a se tornar o centro do universo das corporações e dos sistemas de produção. Esse período de transição, que aconteceu entre os anos de 1760 a 1840, aproximadamente, trouxe mudanças profundas e significativas não apenas nos processos de trabalho, mas em todo o modo como o mundo estava organizado até então. Os trabalhos manuais passaram a perder cada vez mais espaço para as grandes invenções. Uma máquina passou a fazer o trabalho de dezenas, centenas ou milhares de homens e mulheres. As propriedades rurais e as pequenas oficinas começaram a passar por sérios problemas a partir disso, pois o trabalho artesanal que produzia os insumos para as grandes empresas e para o consumidor final foi sendo substituído por máquinas cada vez mais complexas e potentes.

141

CAPÍTULO 8

Para atender às demandas dessa nova configuração, e também por conta da mão de obra na fazenda que diminuía a passos largos, verificou-se um êxodo rural sem precedentes, o que gerou um crescimento urbano imprevisto e desorganizado que jamais havia sido visto. Esses e outros fatores, como o aumento exponencial da produção de bens de consumo, dividiu a sociedade em dois setores: aqueles que trabalhavam na sua fabricação, que na sua grande maioria não tinha acesso a esses mesmos bens por razões econômicas; e as elites, que estavam à frente das organizações. As elites eram os grandes fabricantes, os representantes do Estado, os bancos e a Igreja, que usufruíam dos seus benefícios.

Não podemos negar que esse momento histórico foi o pontapé inicial para um desenvolvimento que iria acelerar ainda mais - e que ele mudou por completo a história da nossa civilização, nos trazendo cada vez mais novas descobertas e possibilidades que têm nos auxiliado a evoluir como talvez jamais poderíamos imaginar que fosse possível. Se pararmos para pensar em todos os benefícios que a Revolução Tecnológica e hoje a Revolução Digital nos trouxeram, e que tudo isso foi impulsionado a partir da Revolução Industrial, vamos perceber que todos os desafios sociais que foram enfrentados foram essenciais para que chegássemos ao ponto em que chegamos. Hoje somos muito mais privilegiados do que os nossos ancestrais de apenas um século atrás. Possuímos uma série gigantesca de vantagens em relação a eles, facilidades e benefícios que as antigas gerações jamais puderam imaginar na saúde, na educação, transporte, comunicação e em tudo o que faz parte do nosso dia a dia. Mas é claro que esse desenvolvimento, como quase todos, teve o seu preço a ser pago.

A FORÇA DENTRO DAS ORGANIZAÇÕES, O SER HUMANO NO CENTRO DO PROCESSO

Relato esse período da História no início deste capítulo para trazer a compreensão de que em algum momento de nossa trajetória precisamos priorizar as máquinas para provocar o desenvolvimento e evolução nos processos facilitadores da vida. Toda essa mudança nos trouxe maiores comodidades, aumentou exponencialmente as nossas possibilidades e melhorou a vida na Terra. Hoje em dia, qualquer pessoa de classe média tem mais qualidade de vida do que um Rei ou uma Rainha antes dessa transformação pela qual passamos.

Porém também é um fato inquestionável que todo esse processo de mudança, apesar de ter nos trazido benefícios imensos em praticamente todas as áreas, também culminou numa desvalorização completa do ser humano e do que ele representa. Em algum momento, a valorização das máquinas e da tecnologia atingiu um ponto em que nos colocamos como fatores secundários nos meios de produção e até na família. Nos tornamos quase que escravos e dependentes desses novos inventos. Passamos a nos amontoar mais e mais nos grandes centros. Perdemos o senso de bem-estar. A saúde física teve um declínio avassalador nos últimos tempos, especialmente nas últimas décadas, e a saúde emocional e mental também não tiveram seus índices melhorados, apesar de todo o avanço científico e tecnológico que inquestionavelmente tivemos.

E tudo isso aconteceu justamente porque em algum momento o ser humano deixou de ser o centro. Ele perdeu o status de protagonista nos processos de trabalho, na família, nos círculos sociais e até na própria vida. Esse fenômeno foi sendo estabelecido a partir da Revolução das

CAPÍTULO 8

Máquinas e foi se agravando à medida que a Revolução Digital acontecia. É bem verdade que a inteligência cognitiva foi muito estimulada durante todo esse processo de mudança e avanço, porém já não podemos falar o mesmo com relação às inteligências emocional e espiritual. Hoje em dia mais e mais as pessoas se veem fisicamente, emocionalmente e mentalmente enfraquecidas, cansadas. As rotinas passaram a trabalhar contra a saúde integral dos seres humanos e passamos a verificar um aumento absurdo das patologias já existentes, além o surgimento de uma série de outras, como síndrome do pânico, stress, depressão generalizada e diversos desequilíbrios consequentes desse novo modelo de funcionamento que tomou conta do mundo e mudou completamente nosso modo de viver e de funcionar.

Apesar de tamanha evolução, em pleno século 21 temos a clara percepção de que não vivemos com mais saúde física, emocional e mental do que os nossos antepassados viviam, mesmo tendo muito mais possibilidades e acesso ao conhecimento do que eles possuíam. Os problemas com a saúde mental, o desconforto e os problemas pessoais e sociais que passamos a vivenciar parecem ter chegado a níveis alarmantes, nos fazendo refletir e reunir esforços em todos os segmentos da sociedade para redimir os equívocos cometidos e voltar a olhar para o que precisa ser olhado: O SER HUMANO. Precisamos nos recolocar no patamar de protagonistas da vida, resgatando nossa autoestima e devolvendo-nos a dignidade que em algum momento foi perdida. O Novo Humano traz essa semente bem sedimentada em seu modo de perceber e funcionar na vida. A tendência dessas novas gerações, que nasceram da virada do milênio para cá, é viverem mais

A FORÇA DENTRO DAS ORGANIZAÇÕES, O SER HUMANO NO CENTRO DO PROCESSO

conectadas consigo mesmas, olharem com mais atenção para a satisfação pessoal, viver com propósito e outros valores que estiveram esquecidos por algum tempo.

Trazendo essa reflexão para o meio corporativo, vamos constatar que as empresas estão percebendo cada vez mais este fenômeno que está acontecendo no mundo e voltando a investir no capital humano. Embora que ainda de forma discreta e lenta, elas já perceberam que são as pessoas que precisam atuar como personagem principal e as máquinas como coadjuvantes, e não o contrário. É isso que vai garantir a satisfação necessária de todas as pessoas envolvidas no universo de uma corporação: as que atuam diretamente nos meios de produção, fornecedores de matéria-prima, mediadores, transportadores, colaboradores, parceiros, representantes, vendedores e consumidor final. Hoje já temos a consciência de que o bem-estar e a valorização devem estar presentes em todas as etapas. O ser humano tem resgatado mais e mais a sua autoestima e não admite mais não ser tratado com o respeito e valor que merece.

Eu poderia propor aqui até um novo termo para esse fenômeno que vem acontecendo nas últimas décadas: REVOLUÇÃO PESSOAL! Estamos atingindo patamares de consciência onde o autorrespeito e o respeito para com o próximo precisam estar presentes em todas as relações, sejam elas de trabalho, relacionamentos afetivos, família ou vínculos sociais. Cada vez há menos espaço para a exploração e para a opressão, justamente porque a humanidade está num processo acelerado de expansão de consciência. Quanto mais esse processo se acelerar, teremos menos aceitação dos modelos antigos, exploradores

CAPÍTULO 8

e opressores. É verdade que ainda estamos longe de atingir o patamar de sociedade perfeita e que existe ainda um sistema que insiste em nos oprimir, manipular e controlar, e esse sistema nesse atual momento em que nos encontramos está muito ocupado em confundir a mente dos distraídos, principalmente dos mais jovens, numa tentativa desesperada de manter o controle e a manipulação que há muito nos é imposta. Porém é inegável que novas formas de olhar para nós mesmos e para todos que nos cercam já estão presentes no mundo e em todos os segmentos e áreas de nossas vidas. Essa expansão de consciência individual e coletiva já está num ponto em que é impossível ser interrompida.

No universo profissional, vemos cada vez mais as pessoas buscando por satisfação. Propósito de vida, conceito completamente desconhecido há apenas poucas décadas atrás, hoje é um tema que ocupa a mente de praticamente todos os jovens e adultos em idade produtiva. Para os nossos avós, bisavós e os que vieram antes deles, o propósito da vida era trabalhar, constituir família e conseguir sustentá-la. Fatores como realização, alegria e bem-estar eram colocados em segundo, terceiro e até quarto plano - ou às vezes eram totalmente ignorados. O que importava era ter uma forma de pôr comida na mesa, não importando o quanto isso custasse, mesmo que significasse abrir mão de toda e qualquer forma de prazer e bem-estar no dia a dia. Isso já não se observa mais.

Os tempos realmente mudaram. Os empregadores hoje já sabem que apenas o salário provavelmente não será suficiente para segurar

A FORÇA DENTRO DAS ORGANIZAÇÕES, O SER HUMANO NO CENTRO DO PROCESSO

os melhores profissionais em sua equipe e estão investindo em qualidade de vida dentro dos limites de tempo e espaço das empresas. Horários mais flexíveis, mais liberdade de tempo, possibilidades de flexibilizar a carga horária de acordo com a realidade e necessidades de cada colaborador são algumas das evidências que temos observado cada vez mais, demonstrando que o mundo de hoje começa a olhar para o ser humano da forma como ele precisa ser olhado. O prazer e o bem-estar, que por tanto tempo estiveram completamente ausentes dos processos, com normas rígidas e inflexíveis ao extremo, começam a encabeçar a lista de variáveis a serem consideradas na escolha de uma profissão ou de um emprego. Salas de descanso e de meditação, academias, ginástica laboral, espaços abertos, massagem, escritórios mais arejados, música ambiente, espaços mais amplos e coloridos: esses são alguns dos componentes facilmente encontrados nos tempos atuais em empresas que já perceberam a importância não apenas de remunerar bem os seus colaboradores, mas também de proporcionar a eles cada vez mais satisfação no ambiente de trabalho.

O mesmo fenômeno também se verifica na relação com os fornecedores, clientes, representantes e parceiros comerciais. Os valores agregados ao escolher onde trabalhar ou aonde comprar, ou a qual empresa se vincular como parceiro, são cada vez mais considerados. Hoje, ao escolhermos um restaurante para irmos jantar com a família, provavelmente consideraremos vários fatores que as gerações passadas não considerariam; muito além de preço e qualidade da comida, vamos em busca de valor, um excelente atendimento, espaço amplo e arejado, estacionamento, um espaço para crianças se tivermos filhos pequenos, opções

CAPÍTULO 8

mais saudáveis no cardápio, banheiros limpos e agradáveis, música ambiente, etc. Essa lógica serve igualmente para uma ida ao cinema, na escolha de um profissional de saúde, uma academia ou uma escola para colocar os nossos filhos. O ser humano passou a se enxergar e a se colocar como personagem principal novamente, e isso está atingindo todos os setores e esferas que compõem nossas vidas pessoais e profissionais. Vencer na vida tem se tornado um conceito totalmente sem significado caso não esteja acompanhado de uma alta dose de bem-estar, alegria, satisfação e saúde física, emocional, mental e espiritual. Para isso, se torna imprescindível o desenvolvimento das três inteligências.

Veremos muito mais eficiência e produtividade de um funcionário feliz e plenamente satisfeito com o seu dia a dia na empresa, que se sente valorizado como profissional, com uma remuneração condizente com o cargo que ocupa e o trabalho que realiza, e valorizado como ser humano, contando com o respeito e zelo que merece ter por parte dos seus superiores, colegas, subordinados e todos os que fazem parte de seu universo profissional, num ambiente o mais acolhedor possível. Ele vestirá a camisa e irá colaborar grandemente para o alcance das metas e resultados e irá, com certeza, relutar em deixar esse local de trabalho quando for cortejado por outra empresa. O mundo corporativo já identificou isso e trabalha mais e mais para atender às demandas das pessoas envolvidas no dia a dia das empresas, de todos os seus colaboradores, do estagiário ao CEO, e também de todos os parceiros e clientes, bem como cada pessoa que possa estar de alguma forma envolvida no cotidiano da organização.

A FORÇA DENTRO DAS ORGANIZAÇÕES, O SER HUMANO NO CENTRO DO PROCESSO

Daqui por diante isso será cada vez mais presente e marcante. A expansão da consciência da humanidade está acontecendo a olhos vistos. As gerações enraizadas nos antigos paradigmas e formas de trabalhar e viver estão dando lugar às novas gerações de almas que chegam a cada ano, almas mais evoluídas que estão mais de acordo com os novos patamares energéticos e conscienciais que o planeta vem alcançando. Os valores estão mudando de uma forma cada vez mais acelerada e perceptível. O Novo Humano é nitidamente menos competitivo, mas, por outro lado, muito mais colaborativo. Suas ambições são diferentes: quer ser valorizado, respeitado, ouvido, precisa ter satisfação naquilo que faz, ver sentido em sua vida pessoal e profissional, e não apenas ganhar bem. Isso já de longe não é mais o suficiente – e, em casos cada vez mais numerosos, nem é o mais importante.

O mundo corporativo, assim como a política, as religiões, as relações, a educação e tudo aquilo que envolve e faz parte da vida das pessoas, precisa se adaptar a essa nova realidade. Essas convenções estão se adaptando ao Novo Humano que se apresenta. Quem relutar em mudar ou em se readequar terá imensas dificuldades em se colocar ou encontrar seu lugar nesse novo cenário a cada dia mais estabelecido. O mundo não está mudando: O MUNDO JÁ MUDOU, e esse processo continua acontecendo de forma frenética. É a marca dos novos tempos, e lutar contra isso não é uma forma muito inteligente de estar no mundo atualmente. O mais producente é estarmos conscientes do que está acontecendo e irmos conciliando essas novas tendências que se apresentam em todas as áreas aos nossos anseios, perspectivas e, principalmente, às nossas características e peculiaridades. Pois é também uma das marcas dos

CAPÍTULO 8

novos tempos a não padronização das pessoas. Seremos mais e mais respeitados e valorizados por aquilo que somos de verdade, e não por seguirmos cegamente ideias e formas de funcionar na vida que não nos representam.

Chegamos finalmente na era do ser. Acumular coisas materiais gradativamente vai perder sentido à medida em que avançamos nessa senda. Isso já está acontecendo, os seres humanos que já estão funcionando dentro desse novo paradigma já dão preferência a ter uma experiência do que comprar algo. Fazer uma viagem em vez de trocar de carro, eu mesmo já fiz isso inúmeras vezes, ou investir em si mesmo, academia, terapia, suplementação alimentar, em vez de comprar roupas.

O item dez das pessoas que são definidas como espiritualmente inteligentes diz que elas são mais sensíveis, fraternas e compassivas, e essa verdade é facilmente observada se voltarmos atentamente o nosso olhar para os jovens de hoje, as pessoas que estão iniciando no mercado de trabalho, e especialmente as crianças que estão chegando ao planeta. As pessoas que ocuparão as cadeiras das empresas nas próximas décadas não mais se contentarão apenas com dinheiro e conforto material: elas buscarão cada vez mais sentido, significado, prazer e plenitude em tudo o que fazem. Elas precisarão ser respeitadas por aquilo que são de fato, e não porque aprenderam a reproduzir um trabalho ou um movimento automatizado que não as representa. Isso um robô faz.

Ser respeitado e valorizado é inerente ao ser humano; contudo, no desenvolvimento da humanidade já ocupamos patamares de consciência que

A FORÇA DENTRO DAS ORGANIZAÇÕES, O SER HUMANO NO CENTRO DO PROCESSO

desconsideravam completamente essa necessidade básica e literalmente lutamos para sobreviver, sendo cada vez mais condicionados e escravizados por sistemas de trabalho, relações, família e vínculos sociais que não priorizavam a saúde integral das pessoas, muito menos seus anseios. O temperamento, a peculiaridade, a essência do ser, o colorido especial que cada um traz naturalmente, foram completamente desprezados durante muito tempo. Todos eram pintados com um cinza padronizado e sem vida. Esses tempos estão com os dias contados, e mais e mais adentramos em novos níveis de consciência que nos impulsionam a esse lugar de valorização pessoal acima de qualquer coisa. O ser humano está novamente assumindo o patamar de protagonista e se colocando no centro de todos os processos de vida.

Na história da humanidade também existiram etnias indígenas, culturas que conseguiram se desenvolver dentro de um estado mais evoluído de consciência, priorizando e valorizando os detalhes mais marcantes do temperamento de cada ser. Algumas delas esperavam dois anos no mínimo para darem o nome à criança. Esse nome era escolhido pelos anciãos da aldeia, os mais experientes e sábios, que esperavam que as características naturais da criança despontassem naturalmente para então batizá-las. Se tivessem o ímpeto de guerreiro, o seu nome teria relação com esse traço do temperamento; o mesmo aconteceria se tivesse inclinação para sacerdote, filósofo, artista ou qualquer outra coisa. Essa é uma referência forte que ilustra e enfatiza a importância de preservar e dar energia para a riqueza individual que cada ser humano naturalmente traz. Mas também vivemos tempos de total desvalorização desses mesmos potenciais, e isso aconteceu de forma tão extrema que por vezes até os nomes das pessoas são desconsiderados. Experimente chamar todas

# CAPÍTULO 8

as pessoas pelo seu nome, dentro do possível, e você vai perceber que apenas esse gesto, simples e de fácil execução, irá fazer uma diferença enorme em suas relações diárias. Por exemplo, ao parar num posto de gasolina para abastecer seu carro, verifique se o frentista carrega em seu uniforme um crachá com o seu nome. Se carregar, experimente chamá-lo pelo seu nome e você perceberá nitidamente uma diferença no atendimento. Com essa ação, você tornou aquele momento mais pessoal. Você estreitou sua relação com ele, que se sentiu valorizado por você. Faça o mesmo com garçons, atendentes de lojas e todas as pessoas que irão em algum momento interagir com você. Se não houver um crachá e a situação permitir, pergunte o nome. Isso é ainda mais importante dentro do universo da sua empresa. Se você quiser potencializar sua relação com as pessoas que trabalham com você, chame-as respeitosamente pelo seu nome. Existem casos de empresas muito grandes que contam com muitos colaboradores e estagiários, geralmente chamados com um: "Ei... Preciso de você aqui" ou um "Garoto, garota, venha cá". Ou ainda, em casos de extremo desrespeito ao ser humano com um "Psiu, você aí, venha cá!" Não cometa esse erro grotesco no seu ambiente profissional se você quer ser admirado e respeitado pelos que trabalham com você. Sugiro também que observe isso no dia a dia, nas coisas do cotidiano. Você perceberá quanta diferença isso faz e quantas consequências positivas traz para a sua vida, além, é claro, de você se sentir muito bem agindo dessa forma.

Autorrespeito, respeito mútuo, valorização de si mesmo e, consequentemente, a valorização do outro, das suas características, peculiaridades, personalidade, sonhos, desejos, dificuldades. Esses valores estão sendo cada dia mais enraizados nos sistemas de trabalho e todos os tipos de relacionamento humano - e vieram para ficar. Alguém que não observe atentamente essa nova realidade e não procure desenvolver sua inteligência emocional e espiritual para poder agir em conformidade com ela estará se isolando e dificultando sua atuação na vida em todas as esferas. O ser humano precisa ser o centro; por trás do engenheiro, do médico, do balconista, do policial, existe uma pessoa que precisa, antes de mais nada, antes de qualquer necessidade material ser atendida, ser valorizada e respeitada. Entenda isso e viva isso e você verá sua vida profissional e suas relações como um todo se transformarem. Você naturalmente obterá muitos ganhos a partir dessa atitude natural e desinteressada.

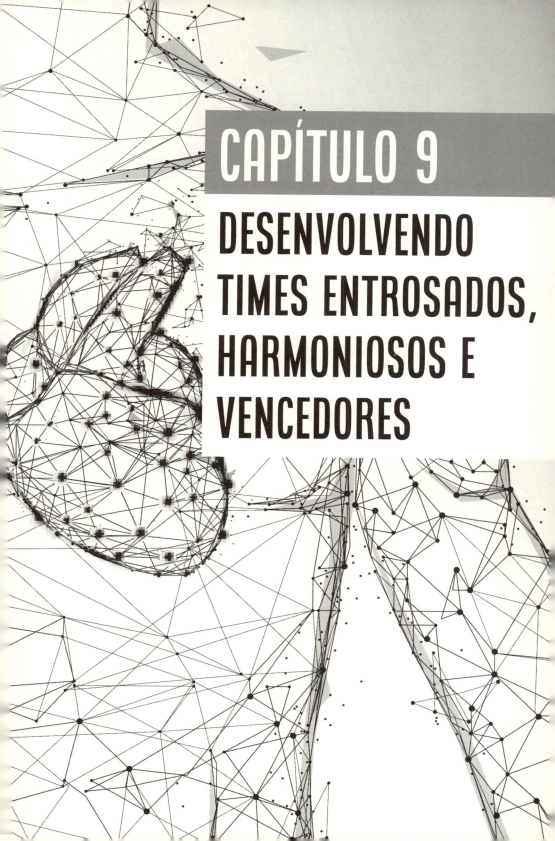

CAPÍTULO 9

DESENVOLVENDO TIMES ENTROSADOS, HARMONIOSOS E VENCEDORES

CAPÍTULO 9

DESENVOLVENDO TIMES ENTROSADOS, HARMONIOSOS E VENCEDORES

Procurei enfatizar até aqui características do Novo Humano que serão cada vez mais marcantes a partir dessa geração para as futuras. As mudanças de paradigmas que a sociedade já experimenta e continuará experimentando são enormes e irrevogáveis, e elas já estão e continuarão transformando o modo como as coisas funcionam na vida pessoal e profissional. Dentre as marcas mais fortes que esses novos tempos e seres já trazem e implementam no mundo, uma delas sem dúvida é a capacidade e a preferência por trabalhar em grupos, em sistemas de colaboração e interação, troca e enriquecimento mútuo. A individualidade e o egoísmo passam a ceder cada vez mais espaço à coletividade e à coparticipação. A competitividade perde força nessa nova forma de funcionamento do mundo e das relações de trabalho e outras. Está ficando a cada dia mais claro que esse padrão individu-

157

CAPÍTULO 9

alista, egoísta e competitivo falhou e nos distanciou uns dos outros, levou-nos a experimentar a miséria humana e uma série de outras mazelas. Hoje boa parte dos habitantes do planeta já sabe que não haverá plenitude, satisfação e verdadeira abundância e liberdade enquanto a fome, a miséria e a falta de condições mínimas para se viver dignamente ainda forem uma realidade para tantas pessoas.

Daqui pra frente, o EU cederá lugar para o NÓS, e essa consciência não nos trará o risco de perdermos a nossa individualidade. Pelo contrário, ela será fortalecida, porque cada vez mais o respeito e a valorização das características peculiares se farão presentes. Porém elas serão colocadas mais e mais a serviço do bem comum, do coletivo, para dirimir a dor dos menos afortunados e diminuir a distância entre as classes, algo tão presente no mundo até aqui.

O ego, tão presente em todas as formas de relação, já está e continuará sendo mais enfraquecido à medida que nos tornamos mais conscientes e evoluímos. Ter razão acima de qualquer coisa já não é prioridade para quem já funciona dentro desse novo paradigma. Para quem já vislumbra esses novos patamares de consciência e já alcançou um nível interessante de inteligência espiritual, o bem e a harmonia do grupo e os resultados pretendidos são mais importantes do que fazer sua vontade prevalecer. Essas novas tendências serão refletidas nas corporações pelo desapego cada vez maior ao ego. Quem estiver adaptado e confortável com esse novo formato terá muito mais facilidade na sua trajetória profissional: com cer-

DESENVOLVENDO TIMES ENTROSADOS, HARMONIOSOS E VENCEDORES

teza terá melhores oportunidades e as aproveitará de forma mais eficiente, será bem visto dentro da organização e terá seus níveis de desempenho e resultado muito melhores do que as pessoas que tiverem dificuldades em lidar com esse novo jeito de funcionar e trabalhar. Acredito ser desnecessário dizer o quanto isso irá beneficiar a sua carreira.

Vale lembrar que toda essa tendência a trabalhar e fortalecer os trabalhos em equipe, enfatizando o valor e os objetivos do grupo, não significa em momento algum enfraquecer ou desvalorizar as habilidades e características individuais. Pelo contrário, elas serão mais e mais fortalecidas e valorizadas como peças fundamentais para a formação de um grupo forte, coeso e rico em habilidades diversas. Para exemplificar o que acabo de expor: já existem empresas de médio a grande porte que têm em seu quadro de funcionários um astrólogo. Aí você pode me perguntar: um astrólogo? O que isso tem a ver com o mundo corporativo? Com o velho mundo, nada. Com o novo mundo, tudo! Primeiro preciso dizer que a astrologia é uma ciência milenar. Astrologia não é uma crendice ou coisa de desocupado como muita gente pensa. Um ser humano, assim como as plantações, as marés, as estações do ano ou a gestação de uma criança, são totalmente influenciados pelos astros. Cada um de nós traz traços e características muito marcantes que são exclusivos da configuração astrológica que trazemos pra vida. Quem tiver interesse em conhecer as suas, sugiro que procure um bom astrólogo

 CAPÍTULO 9

e faça o seu mapa astral. Você irá entender coisas a seu respeito que até então estavam confusas; é uma excelente ferramenta para o autoconhecimento.

Voltando ao exemplo das corporações que têm em sua equipe um astrólogo: esse profissional consegue, por meio de um estudo pormenorizado, identificar os pontos fortes e os pontos fracos de cada colaborador: quais são as suas tendências, quem produz mais sob pressão ou quem simplesmente trava quando está sendo observado ou avaliado, quem é mais racional, mais intuitivo, mais criativo, quem tem mais capacidade de comunicação ou é mais retraído, e uma série de outras características. Esse conhecimento a respeito dos colaboradores que compõem a equipe será de extremo valor, pois as peças poderão agora ser colocadas no tabuleiro de forma mais inteligente e eficaz, respeitando os potenciais verdadeiros e os limites de cada um.

Quando trabalhei com futebol, participei diversas vezes da montagem e reavaliação de elencos, e muitas vezes verdadeiros pecados e injustiças eram cometidos simplesmente por não haver uma visão mais ampla e uma flexibilidade no que diz respeito ao encaixe das peças. Vários jogadores foram dispensados das categorias de base nos clubes onde trabalhei, jogadores que tinham potencial para se tornarem profissionais de destaque. Tomei conhecimento de alguns que se tornaram profissionais em outros clubes que souberam identificar suas qualidades e valores com mais eficiência. Recordo-me

DESENVOLVENDO TIMES ENTROSADOS, HARMONIOSOS E VENCEDORES

especial do caso de um atleta (não vou citar o nome para preservá-lo) que ainda está em atividade num grande clube do Brasil. Eu era diretor de futebol de base do Figueirense F.C. e todas as semanas tínhamos uma reunião de avaliação. Discutíamos questões técnicas, os atletas que estavam produzindo, os que não estavam, atletas novos que eram recebidos e outros dispensados. Toda semana, esse referido atleta vinha na pauta da reunião. A comissão técnica de sua categoria, que era o Juniores (ou sub-20, como é mais conhecido hoje), defendia a sua dispensa, mas todas as dispensas, para serem efetivadas, precisavam da minha assinatura. Eu era o responsável técnico pelo departamento. Por semanas a fio eu defendi esse jogador. Eu gostava dele e acreditava muito no seu potencial, mas já estava me cansando de ter que defendê-lo em todas as reuniões, praticamente sozinho, contra o desejo de cinco colegas de trabalho que queriam sua dispensa. Até que uma mudança de técnico na equipe profissional aconteceu. Um renomado técnico assumiu o comando do time principal, e no seu primeiro dia propôs um jogo de treino contra o sub-20. Ao final desse treino, o novo e conceituado técnico do profissional solicitou dois atletas do sub-20 para compor o time principal. Um deles você já deve saber quem foi, né? Exatamente esse atleta que na opinião de uma comissão técnica inteira não servia para o sub-20 agora era desejado pelo técnico do profissional, e a partir desse dia a carreira deste atleta decolou. Ele jogou em vários times grandes no Brasil, jogou quatro temporadas no Japão e deve estar próximo de finalizar uma carreira de muito

CAPÍTULO 9

sucesso que poderia ter sido ceifada pela falta de visão abrangente da equipe que estava no comando na época. Então me pergunto: quantos atletas são dispensados todos os dias e têm seus sonhos e carreiras dificultados ou interrompidos pela falta de visão e olhar abrangente de profissionais? Ampliando a questão, quantos estagiários e colaboradores são dispensados pela falta de um olhar um pouco mais cuidadoso para com suas qualidades e capacidades de contribuir com a equipe?

Identificar características e saber dispô-las dentro da equipe de modo a potencializar os trabalhos individuais e os resultados do grupo é algo que precisa estar presente no universo das corporações nesses novos tempos. Pode ser por meio de um astrólogo, de um psicólogo que coordene o RH da empresa, ou até mesmo por parte do proprietário, caso a empresa seja de pequeno porte e não conte com um setor de RH. O importante é que alguém esteja atento para identificar valores que muitas vezes passam despercebidos, senão uma valiosa peça do quebra-cabeça acaba sendo perdida, desperdiçada. Na minha jornada dentro do mundo corporativo, já vi gente sendo dispensada por pensar demais, teorizar demais, ser abundante em ideias, mas não ter capacidade de colocar em prática e materializar as ideias que vinham naturalmente à sua mente extremamente criativa. Também já vi pessoas sendo dispensadas por serem impulsivas demais, por agirem sem antes pensar e ponderar o suficiente sobre os resultados de suas ações. Hoje percebo que,

DESENVOLVENDO TIMES ENTROSADOS, HARMONIOSOS E VENCEDORES

em todos esses casos, potenciais específicos e muito ricos à equipe podem ter sido desperdiçados com essas dispensas.

Numa certa ocasião pude presenciar um caso numa empresa onde haviam dois profissionais com os perfis citados. O líder daquele setor identificou e filtrou as características, os potenciais e limitações desses dois profissionais. Ele decidiu fazer uma experimentação: criou um departamento novo e colocou os dois para trabalharem juntos num mesmo escritório, lado a lado. Ali, um criava, concebia ideias, escrevia e desenhava maneiras novas de realizar os trabalhos, enquanto o outro as colocava em prática, realizava, concretizava. O experimento deu muito certo e a empresa foi extremamente beneficiada com essa junção, assim como os dois colaboradores, é claro, que tiveram seus talentos reconhecidos, valorizados e potencializados. Porém, se o olhar do líder não estivesse atento a esses detalhes, provavelmente seriam dispensados dois excelentes colaboradores que tinham verdadeiros tesouros a compartilhar para o bem da equipe.

Um time vencedor, harmonioso e entrosado precisa contar com diversidade, uma palavra muito utilizada e muitas vezes confundida nesses novos tempos. A tentativa de padronizar os membros de uma equipe costuma ser extremamente infrutífera e geralmente causa uma série de desconfortos e prejuízos para o trabalho do todo. Seria como um técnico de futebol querer contar com 11 defensores em seu quadro de atletas, ou 11 atacantes, ou 11 meio campistas.

CAPÍTULO 9

Certamente esse time seria improdutivo e não alcançaria grandes resultados dentro do campeonato. Analogamente, uma equipe corporativa necessita de características e talentos diversos. São necessárias as pessoas que pensam, as que criam, as que executam, as que têm conhecimento técnico, as que se comunicam com facilidade e clareza, as extrovertidas, as teimosas, as aguerridas, as mais tranquilas, enfim; quanto maior a diversidade de uma equipe, maiores serão as possibilidades de enriquecer o trabalho que está sendo realizado. Por outro lado, quanto maior for a diversidade, maior será o desafio de quem está no comando desse barco. Isso exigirá habilidade por parte desse comandante; ele precisará ter uma boa capacidade de percepção, observação, discernimento, intermediação, senso de grupo e uma série de outras características que irão possibilitá-lo a identificar e extrair de cada colaborador o seu potencial mais elevado, de forma que valorize e estimule esse profissional, ao mesmo tempo em que gera valor e potencializa os resultados da equipe.

Esse líder também precisará estar muito atento nos desenvolvimentos de trabalho. No dia a dia, precisa estar próximo, dar *feedback* com frequência, acompanhar a rotina, estar atento para perceber a forma como o grupo funciona, perceber o surgimento de uma liderança dentro do grupo - alguém que possa ser uma influência positiva ou negativa para os demais -, precisará detectar egos e vaidades que provavelmente irão despontar e colocar em risco os

DESENVOLVENDO TIMES ENTROSADOS, HARMONIOSOS E VENCEDORES

objetivos comuns, observar talentos e capacidades que poderão estar escondidos atrás de cortinas de humildade exagerada ou falta de confiança, estimular e encorajar essas pessoas a expressarem seus dons, estimulá-las a extraírem essas capacidades latentes por meio de cursos, desenvolvimento pessoal e profissional, e tudo o que possa ser feito para que esse colaborador cresça e entregue o seu melhor conteúdo ao grupo, beneficiando e fortalecendo não apenas o setor ao qual ele pertence, mas a toda a organização. Esse líder também precisará daqui por diante, mais e mais, estar atento às capacidades cognitivas, emocionais e espirituais dos membros da sua equipe, procurando conjugá-las e valorizá-las em benefício do todo.

Chegamos então em outro ponto não menos fundamental quando pretendemos formar um time vencedor: a INTEGRAÇÃO! Esse fator precisará estar sempre presente para a saúde da organização. O que se percebe bastante nos ambientes corporativos, principalmente em se tratando de grandes empresas, onde costumam existir muitos setores e departamentos, é uma tendência à fragmentação, a criação de ilhas. Elas podem até funcionar muito bem, mas muitas vezes não se comunicam umas com as outras. Cada uma faz o seu trabalho isoladamente, cumpre suas funções, às vezes desconhecendo completamente o que se passa no setor, ou na ilha, ao lado. Por vezes funcionam até como se fossem empresas distintas, criando um clima de rivalidade entre si. É muito comum nessas realidades as pessoas não se conhecerem,

CAPÍTULO 9

não saberem sequer o nome de colegas que trabalham a poucos metros de distância, simplesmente por pertencerem a um outro setor. Essa realidade atrapalha muito e enfraquece a corporação na busca do objetivo final. Comumente, esses setores diferentes estão tão focados nas suas funções e objetivos específicos que desconhecem as funções e objetivos dos outros segmentos da empresa, e em boa parte dos casos desconhecem até os objetivos da corporação como um todo, assim como seu propósito e missão. Nessas ocasiões se faz necessária a presença de um profissional que esteja acima, olhando para as várias ilhas que se formaram, alguém que tenha uma visão privilegiada do quadro inteiro e que consiga observar a fragmentação que foi formada, dos blocos separados e isolados que muitas vezes não se comunicam entre si. Esse profissional precisa voltar o olhar para essa necessidade de integrar as partes e a partir disso iniciar um trabalho de coesão, de união. É preciso fortalecer os laços entre as diversas equipes que trabalham dentro da organização, criar formas de aproximar estas partes, reunir, integrar, dentro do próprio ambiente de trabalho ou fora dele, por meio de encontros e confraternizações. Esse olhar e atitude voltados para a conexão desses grupos isolados, que passarão a ter a real noção de que todos compõem um único e grande organismo, irão beneficiar e fortalecer não apenas os setores de forma isolada, mas a empresa, que será extremamente beneficiada e melhorada em suas funções, potencializando os resultados.

DESENVOLVENDO TIMES ENTROSADOS, HARMONIOSOS E VENCEDORES

Um corpo humano, para gozar de saúde perfeita, precisa que todas as suas partes estejam conectadas e trabalhando mutuamente para o estabelecimento da saúde e da vitalidade. Se os pulmões começarem a trabalhar de forma não eficaz e isolada dos órgãos que o circundam e se relacionam com ele, isso afetará todo o organismo, assim como seria com o intestino, os rins e qualquer outro órgão. Esse sistema, para estar sadio, precisa estar inteiramente integrado, com cada parte ou órgão fazendo bem o seu trabalho, executando perfeitamente a sua função, integrado às funções de todos os outros órgãos, que se comunicam e interagem o tempo todo. Uma empresa ou qualquer estrutura composta por pessoas precisa seguir esse modelo de funcionamento de um corpo humano: olhar e entender o objetivo, a missão para o qual esse grupo ou estrutura existe, e trabalhar em conjunto para a concretização desse objetivo e missão, cada membro contribuindo de forma muito peculiar de acordo com as habilidades, limitações e características próprias, mas sempre mantendo a noção de estarem atuando para um sistema maior que é a junção de todos os grupos.

A formação de times vencedores, entrosados e harmoniosos é um desafio constante para os líderes das corporações, mas acredito que se tornará menos desafiador daqui por diante à medida em que os gestores atuais evoluem, assimilam esses novos conceitos, e à medida em que vão chegando às empresas essas novas gerações, seres mais evoluídos e conscientes, que chegam para dar uma colo-

CAPÍTULO 9

ração diferente ao planeta e aos processos de trabalho. Mas é claro que, ainda assim, será necessária a presença e atenção constante do líder, porque os talentos natos podem ser perdidos, subutilizados e até mesmo usados de maneira equivocada, negativa e improdutiva por falta de reconhecimento ou de orientação adequada.

Quando se valoriza o um, se valoriza o todo; quando se valoriza o todo, se valoriza o um! Esse conceito de grupo e unidade que se fortalecem mutuamente deve ser compreendido pelos líderes de equipes que quiserem formar times vencedores. Um time coeso e forte é aquele onde os membros confiam uns nos outros, pois estão conscientes dos valores individuais que cada um possui, e do quão longe a equipe poderá chegar quando esses valores forem somados e quando trabalharem juntos para o sucesso do todo, o que naturalmente se reverterá em valorização e engrandecimento de cada membro. Cabe ao líder vencer todos estes desafios na formação de um time vencedor: unir, integrar, conscientizar, estimular, confiar, mudar as peças, redirecionar a rota, aproximar, dar *feedback* e várias outras ações que devem ser observadas com atenção e constância. Porém, quando se consegue enfim a formação certa, quando a equipe está funcionando como um piano, o trabalho do líder começa a ficar muito mais fluídico. Ele precisará agora manter a ordem, a harmonia, o fluxo e a produtividade do time, se atentando para que a leveza e a harmonia do conjunto não se percam. Quando se consegue chegar nesse patamar de coesão, entrosamento e satisfação

DESENVOLVENDO TIMES ENTROSADOS, HARMONIOSOS E VENCEDORES

por parte dos integrantes do grupo por estarem ali, participando daquele trabalho ou projeto, grandes resultados costumam ser alcançados. Isso porque o um foi valorizado a partir do todo e o todo foi valorizado a partir do um.

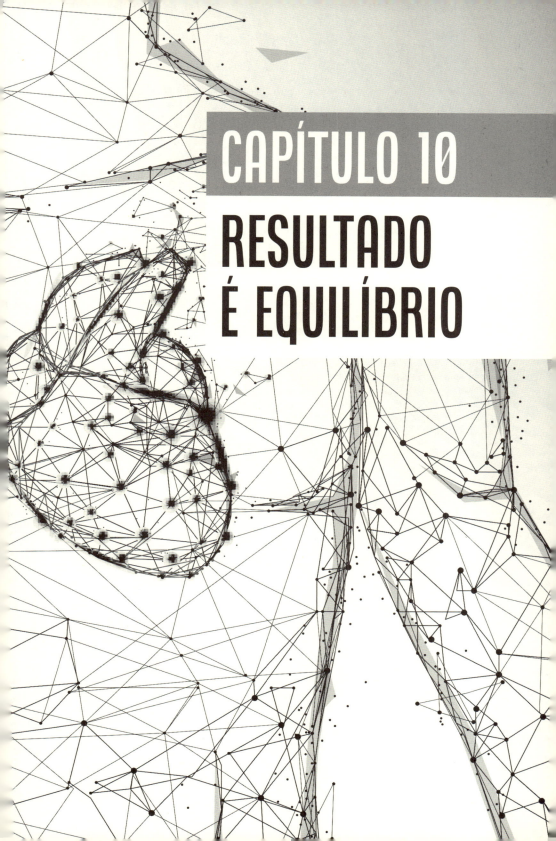

CAPÍTULO 10
RESULTADO É EQUILÍBRIO

CAPÍTULO 10
RESULTADO É EQUILÍBRIO

Creio que, se todos estivermos atentos aos preceitos considerados nas três capacidades ou inteligências que abordamos aqui - a inteligência cognitiva (QI), a inteligência emocional (QE), e a inteligência espiritual (QS) -, principalmente as duas últimas, iremos perceber a importância de um aspecto que não pode ser desconsiderado quando o assunto é viver com propósito e plenitude, e não apenas ganhar dinheiro ou ter status, fama e reconhecimento, mas ter um sucesso verdadeiro, genuíno, que represente uma satisfação interna, plena, que arranque o sorriso mais autêntico de nossas faces. Esse aspecto é o EQUILÍBRIO!

Essa característica não poderá estar ausente na vida daqueles que almejam estar de acordo com o funcionamento exigido ao Novo Humano. O equilíbrio precisará estar presente em sua vida profissional e pessoal, na empresa, na carreira e em todos os seus projetos.

CAPÍTULO 10

A falta dele sempre irá acarretar na desestruturação e prejuízo de alguma área de sua vida, que obviamente afetará negativamente todas as outras. Podemos citar como exemplo as pessoas que se dedicam integralmente a uma área da vida, que dispendem 100% do seu tempo, dos seus recursos, da sua atenção e energia para a vida profissional. Essas pessoas não tiram um tempo para cuidarem de si, do seu corpo, da sua família, das suas relações, comem e dormem mal e estão totalmente devotados ao seu objetivo profissional a ponto de não se permitirem viver paralelamente de forma saudável as outras áreas de sua vida. Provavelmente este esforço será recompensado dentro da esfera profissional; talvez essa pessoa obtenha em 5 anos o êxito que obteria em 15 se a energia fosse dissipada em outras direções. Mas também é muito provável que, ao final desses cinco anos, suas outras áreas estejam completamente desarmonizadas, desestabilizadas. É possível que seu círculo de amizades seja desfeito, que sua saúde esteja precária e que seu casamento ou relacionamento tenham se deteriorado, tudo por falta de atenção. Então, na verdade, esse sucesso conquistado no âmbito profissional não refletiu um sucesso verdadeiro, absoluto, mas, sim, um sucesso relativo e temporário. É muito comum nesses casos em que o êxito profissional é alcançado à custa do sacrifício das outras áreas da vida que as pessoas gastem os recursos que conseguiram acumular com a recuperação da saúde física, com médicos ou procedimentos cirúrgicos, ou com a saúde emocional e mental, com terapias e outros processos.

RESULTADO É EQUILÍBRIO

É claro que é legítimo em algum momento de nossas vidas direcionarmos esforços conscientes em uma área específica. Isso é normal, mas é necessário que estejamos atentos para que aquele período seja apenas pelo tempo necessário para que ele não perdure mais do que apenas o suficiente. É muito importante, mesmo durante este período, procurarmos não negligenciar por completo as outras áreas da vida. Está tudo bem em focar um pouco mais no trabalho nos próximos três meses para aproveitar um momento propício que você ou sua empresa possam estar atravessando, mas sugiro fortemente que seja realmente apenas um aumento de foco e não uma exclusividade. Não esqueça que você tem um corpo, uma saúde para cuidar, pessoas que se importam com você, que te amam. Não se esqueça que você precisa estar com um emocional e mental saudáveis se quer realmente ter êxito na vida, e para isso precisará de pausas, descanso, lazer, amigos, família. Não cometa o erro que muitas pessoas cometem ao depositar todas as suas fichas em apenas um aspecto da vida. Cedo ou tarde esse desequilíbrio será evidenciado, a conta chegará de alguma forma.

O universo corporativo parece também estar começando a entender esse aspecto fundamental para a saúde da empresa e dos seus objetivos. No paradigma antigo, "tirar o couro" dos colaboradores parecia ser a forma mais eficaz de alcançar as metas estabelecidas. Hoje em dia, essa forma de funcionamento está sendo modificada, ou no mínimo repensada, por boa parte das corporações. Aquelas que insistirem na velha forma de funcionar terão severas dificuldades daqui por

CAPÍTULO 10

diante. Dentro da empresa o equilíbrio também precisa estar presente. Já se compreendeu que dar pausas e flexibilizar horários de uma forma geral tornam os colaboradores muito mais produtivos e satisfeitos. Trabalhar com a sensação de que se tem pelo menos um certo nível de liberdade traz leveza e qualidade para o processo, ao passo de que trabalhar com a sensação de estar sendo vigiado e controlado o tempo todo traz peso e limita muito a criatividade e a qualidade no trabalho.

Não apenas a forma, como também os processos de trabalho e o dia a dia das empresas estão se readequando a essa nova forma de funcionamento, além de seus objetivos e metas, que buscam atender a essa demanda do novo mundo. Hoje em dia o lucro pelo lucro já não é mais o alvo nem a finalidade maior de boa parte das corporações. É claro que uma empresa sempre visará o lucro como um dos seus alvos, porém hoje já percebemos em boa parte delas um esforço direcionado para um novo posicionamento dentro da sociedade que a coloque num patamar de importância em outros quesitos como sua representatividade social, socioambiental, sua importância dentro da comunidade em que está inserida e vários outros aspectos que vão bem além do que simplesmente lucrar, desconsiderando todos esses outros fatores.

O termo HOLÍSTICO, que vem do grego HOLOS, que significa "todo" ou "inteiro", passou a ganhar espaço nas duas últimas décadas, justamente porque as pessoas hoje estão entendendo que não são constituídas por apenas um aspecto, e sim por vários, que se mesclam e interagem entre si dentro de um sistema complexo e multifacetado

RESULTADO É EQUILÍBRIO

chamado ser humano. Nós somos filhos, irmãos, amigos, pais, profissionais, alunos, cônjuges, membros de uma congregação, de um grupo social; desempenhamos todos esses papéis dentro dessa imensa peça teatral que chamamos de vida, onde cada um é o personagem principal, o protagonista da sua própria. E no meio de tudo isso, temos um complexo sistema de corpos para cuidar e manter os níveis de saúde: o físico, o emocional, o mental e o espiritual precisam estar todos conectados e equilibrados entre si. Caso contrário, comprometemos o funcionamento de toda a engrenagem.

Com certeza se constitui um desafio a manutenção desse equilíbrio, dessa saúde holística. Manter o bem-estar do todo é extremamente desafiador num mundo onde os estímulos costumam nos levar para o lado oposto disso. O apelo aos extremos está sempre presente e é necessária uma boa dose de consciência, autocuidado e uma atenção e observação verdadeira e sem máscaras de si mesmo que nos possibilitará perceber se em algum ponto da caminhada estamos entrando em níveis perigosos de desequilíbrio, colocando em risco a nossa saúde, harmonia e bem-estar.

Da mesma forma, esse olhar atento precisa estar presente dentro de uma organização. Seus líderes precisarão se voltar atenciosamente para esse organismo complexo e atuar sempre no sentido de garantir um sistema equilibrado, coeso, ajustado e harmônico para que as necessidades, objetivos, metas, propósito e missão da empresa possam ser alcançados.

Já usei no capítulo anterior a analogia do corpo humano, mas ela

CAPÍTULO 10

cabe muito bem aqui também. Se os órgãos, os aparelhos e sistemas de um corpo humano não estiverem totalmente equilibrados, é uma questão de tempo para que a doença se estabeleça. Não dá para imaginar um corpo funcionando no sentido de dar toda atenção e cuidados para os rins e desconsiderar o estômago, ou voltar toda a sua energia para os intestinos e ignorar a existência do pâncreas. A Sabedoria Inata, um aspecto Divino que habita nossos corpos, trabalha o tempo inteiro para que o equilíbrio dessa entidade chamada corpo físico esteja presente, e essa Sabedoria sabe exatamente quando um desequilíbrio está começando a ser instalado. Ela sempre alerta o CEO dessa organização (o dono do corpo) por meio de dor, desconforto, angústia, falta de vitalidade e vários outros sinais que vão sendo dados para que a atenção seja retomada e o equilíbrio seja reinstalado. Mas como a maioria das pessoas não tem o hábito de dar atenção verdadeira aos sinais que vão sendo dados, o desequilíbrio em boa parte das pessoas vai chegar ao extremo, que é o adoecimento do corpo. Só a partir daí o corpo ganhará novamente a atenção do seu dono, e essa atenção costuma desaparecer quando a doença ou os sintomas dela forem exterminados por meios de tratamentos médicos e remédios, até que uma nova doença chame a sua atenção novamente.

Num corpo organizacional, uma empresa, o processo não é diferente: seus diferentes setores e departamentos precisam trabalhar de forma harmoniosa e coesa, caso contrário, o desequilíbrio desse organismo também vai se instalando. Assim como no corpo humano, os sinais vão sendo enviados pela desarmonia entre funcionários, baixa

RESULTADO É EQUILÍBRIO

produtividade, falta de clareza quanto ao propósito, rumos e missão que a empresa irá tomar, entre outros. Os líderes precisarão estar atentos aos primeiros sinais de desequilíbrio, e quando perceberem qualquer sintoma, devem atuar para que ele seja desfeito e curado. A saúde da organização depende de uma observação e cuidado constante por parte dos seus líderes, que precisam olhar para o organismo como um todo e cuidar de todas as partes, exatamente como um ser humano precisa fazer e trabalhar para que goze de saúde e plenitude em todas as áreas de sua vida. Tracei esse paralelo entre o ser humano e a corporação para ressaltar a importância desse conceito chave para a obtenção do sucesso real, verdadeiro e duradouro, o EQUILÍBRIO! Sem ele, nossa vida, nosso trabalho, nossos projetos, nossa família e tudo o que nos cerca jamais experimentarão essa sensação maravilhosa de bem-estar pleno e absoluto. Sem ele, teremos severas dificuldades em nos adaptar ao novo paradigma do planeta, e dificilmente nos transformaremos nesse Novo Humano que está designado a habitar e fluir na Nova Terra.

Acredito que tudo o que foi compartilhado aqui neste livro, se observado com seriedade e comprometimento, auxiliará enormemente na obtenção desse equilíbrio e no alcance do sucesso verdadeiro e de uma vida cheia de significado e plenitude. As três inteligências, cognitiva, emocional e espiritual, quando compreendidas e trabalhadas de forma consciente, trarão benefícios e um crescimento que talvez um dia nem pudéssemos sonhar que fosse possível, e isso afetará de forma gigantesca e positiva todos os nossos projetos de vida, com cer-

CAPÍTULO 10

teza potencializando – e muito – os nossos resultados. Os seres humanos mais e mais necessitarão daqui por diante desenvolver essas três habilidades para que estejam adequados com a Nova Terra que está em franca formação. Esse é o Novo Humano: muitos já estão vindo com essa nova configuração, principalmente os que nasceram a partir da década de 90 ou da virada do milênio para cá, e os que não nasceram com esse modelo de funcionamento já estabelecido em si estão tendo a chance de adotá-lo por meio de auto-observação, estudo e desenvolvimento pessoal constante. Essas práticas vão trazendo esses novos potenciais que no fundo todos já possuímos à superfície.

Cuide e estimule sua inteligência cognitiva com leitura, jogos, esporte, converse sobre temas que saiam da sua zona de conforto, assista filmes e vídeos que te desafiem a pensar, entender, decifrar. Cuide e estimule sua inteligência emocional por meio de relações e trocas, permita-se vivenciar situações que desafiem seus limites, esteja com pessoas que discordam de você e que te desafiem, saia da sua zona de conforto e preste atenção em como você reage a essas situações. Conheça suas emoções para que possa começar a trabalhá-las de forma mais eficiente. E cuide e estimule a sua inteligência espiritual! Te convido aqui a ir um pouco além do dogma ou religião a que você está conectado. Não há nenhum problema com elas, mas sugiro que dê um passo adiante e experimente trabalhar a sua inteligência espiritual de forma livre e desapegada. Pratique o silêncio, a meditação, procure todos os dias ter um tempo para se voltar para o interno, procure se aprofundar no autoconhecimento. Tente olhar pras adversidades como desafios e não

RESULTADO É EQUILÍBRIO

como problemas, tente olhar para as pessoas diferentes como joias únicas e peculiares, celebre as diferenças e faça o possível para não julgá-las conforme a sua escala de valores. Na maioria das vezes, essa escala está cheia de "verdades" que precisam ser ressignificadas. Procure ver a razão mais profunda nos acontecimentos da vida, olhar para eles buscando o entendimento do porquê estão ali, não como um mero acaso. Esforce-se para colocar as coisas num contexto mais amplo, seja espontâneo, seja natural, SEJA VOCÊ!

Eu acredito fortemente que ao seguir estes preceitos e ferramentas apresentadas aqui, você irá dar um novo passo para uma vida mais saudável e feliz, irá potencializar seus resultados de uma forma equilibrada e eficaz, e o verdadeiro sucesso e plenitude se manifestarão ou estarão ainda mais presentes em sua vida. Acredite: você veio aqui para brilhar. Todos nós viemos, mas só aqueles que se permitem ir além do que a grande maioria vai é que obtêm altos níveis de satisfação e realização pessoal e profissional. Você pode muito mais, e à medida que for dando os passos no melhoramento de si mesmo e no aprimoramento de suas inteligências, seu brilho se manifestará com naturalidade e de forma cada vez mais intensa. Sua luz não está aí para permanecer trancafiada e escondida, ela está aí para se expandir, tocar a vida de todos que te cercam e te tornar uma pessoa incrivelmente harmoniosa, poderosa, próspera, saudável e feliz. Quando isso acontecer, você chegará no ponto em que não mais precisará perseguir o sucesso. Você terá se tornado uma pessoa de sucesso, cheia de alegrias, paz, senso de realização

CAPÍTULO 10

e propósito em sua vida, mesmo tendo que lidar com os constantes desafios que fazem parte da caminhada.

Eu ACREDITO EM MIM, eu ACREDITO NA FORÇA DA VIDA, EU ACREDITO EM VOCÊ. Te convido a acreditar também – e a dar os passos para que a sua vida se torne tão reluzente e incrível quanto a luz que você carrega dentro de si.

SEGUIMOS JUNTOS!